過去の思出

本多正利

文芸社

はじめに

「光陰矢の如し」といふが、成程過去を振り返り年月の経過を回想してみるに、正に其の通りと納得実感の外はない。現在平均寿命を生き、来年は八十歳を迎へることになるが、お陰様で健康快適な毎日を送っている。時折、昔に想ひを馳せ、過ぎ来し八十路への人生航路の追憶に浸りつゝ思ふことは、よくもまあ色々な目に会ってきたのだなあと一人感心することである。

過去の思出・目次

花の東京へ

そこで我が過去の人生街道のタイムトンネルを潜り、一寸突走ってみることにする

九州は肥前、当時は草深い伊万里の郷、山あり海あり、原を巡って小川が流れ、田園は山裾の遥か彼方へと展開している。頭を巡らしてみると、こじんまりとした街並みがあり、其の向ふは入り江になっている。私こと本多少年は此の地で生れ育ち、やがて小学校に通ふようになると、山、川、野原とよく遊び回ったものである。年間、春夏秋冬それぞれに自然の恵みは豊富で、少年達にとってはただ果物がよく稔ってくれれば有難いのである。まず春は桜んぼから、夏にかけ梅・枇杷《びわ》・桃李《とうき》・山桃、秋には梨・柿・蜜柑・木通《あけび》など、野生のものは問題ないが、栽培してあるものを無断で貰いに行くのが面白いのである。本多少年は足が速く、一度も掴まったことがないのが自慢だった。若し、持主に掴まりでもしたら大変である。名前、年齢、学年・学校名を聞かれ、翌日学校の朝礼の時に皆の前でしぼられる。後には常連達も利巧になって、前もって偽名を決め学校は隣町、年齢と学年は

身長に合わせ鯖を読むことにしていた。

　こうして自然の恵みと共に育ち、精一杯飛び跳ねていた本多少年も進学をどうするのかという時期を迎へ、結局もう一人の友と師範学校を受験することに決めていた。然し、本多少年は当時よく少年達の間で話題になっていた立身出世といふことが頭にあり、それに田舎の少年にありがちの花の東京への憧れもあり、上京して書生をしながら苦学し、大いに勉強して角帽を冠りたいといふ夢を抱いていた。

　そうしたある日突然朗報が入った。彼の従兄が東京で書生をしていて、ある実業家の邸で純朴な田舎の少年を求めているとの話である。いよいよ夢が現実となって彼の前に現れた、最早《もはや》何の躊躇もない。師範学校受験も、卒業までの数日間も、もう彼には必要でなくなった。彼の考へは一日も早く上京して中学編入試験を受けさせてもらう心算で、従兄にはなるべく早く上京する旨を連絡した。

　三月になり佐世保の親類の者が商業学校の推薦で、東京の三省堂に就職するといふので一緒に上京することになった。先の従兄とは面識がないため、マントの右胸に白いリボンを付けて行くことを連絡しておいた。そして其の日が訪れた。青雲の志を胸に、未だ見ぬ

花の東京へ

東京の希望の曙光を脳裏に描きながらいよいよ住み慣れた故郷を後にした。

「わたしゃ東京へ勉強にいくが、後に花置くさあー枝折るな」ちょっぴり感傷的になった彼は、何処で憶へたのかこんな唄を口遊んでいた。途中京都、大阪に下車し、見物をかさねながら遂に東京駅に到着した。同道の親類と改札口の近くで待っていたら、学生服の青年が近付いて来て、従兄だと分かりほっとした。

東京での書生生活

親類と別れ、従兄に連れられ、六本木の裏通り、三河台町のある大きな邸宅の門を潜った。

当時は麻布区で、此の界隈は政界・財界の大物、有名人の屋敷町である。因に、左隣りが血盟団員に暗殺された井上準之助元蔵相の邸宅である。

本多少年が書生として住み込む邸宅の主は、甲州財閥W家三代目、Tモスリン株式会社社長である。住人は旦那、奥様、坊ちゃん(慶応幼稚舎三年生)、嬢ちゃん(聖心幼稚園児)の四人の他に、秘書と執事各一名、書生彼共五名、奥女中二名、坊ちゃん・嬢ちゃん付二名、小間使い一名、台所三名、看護婦二名昼夜勤務。普段は嬢ちゃんに付いている。馬(南洋産小馬、坊ちゃん用)飼育係、三匹の犬飼育係、お抱運転手二名、以上が此の邸の人員構成である。田舎のぽっと出の彼には、見る物、聞く物桁違いのサイズに、都会にはこういう世界があるのかと感心した。現在は高級外車も珍しくないが、当時は相当大きな会社でも、課長級では自家用車など持てない時代である。当家にはサンビーム（幌型、日本に一台）旦那用、リンカーンセダン奥様用、パッカード（幌型）お子様用の三台あった。特に感心したのは、奥女中さんが普段に金紗《きんしゃ》お召など高級の着物をよく着ている。これは奥様が秋の虫干しの時に気前よく女中さん達に払い下げるので、中には仕立上りのもので全然袖を通さぬものもある。こういうお屋敷に勤める女中さんは、嫁入り衣裳など改めて求める必要もないだろう。三匹の犬の中、旦那のお気に入りのポインター種、スポーツ、これが三千円、奥様の丸髷結髪料二十円、ハンカチ五円、本多書生の月々のお手当十円也。当時、東京市電が七銭で市内何処へでも行けた。三好野に入ると鶯餅・やぶれ饅頭など一皿五ケで十銭の時代である。

邸内には、坊ちゃん嬢ちゃんの玩具だけで一蔵一杯詰まっている。特に電動でレールを走る汽車・自動車・電車やクレーン車など、今まで鉱力板製でペンキを塗った、手で押して動く車しか知らない彼には、坊ちゃんのお相手よりも自分自身が面白くて熱中したものである。三月のお雛祭りの雛壇飾りは、昔の本物の御殿の模型でこれを組み立てるのに、大工の棟梁が二人の弟子と共に朝から夕方までかかる。子供用とも思へないような自転車、映写機・撮影機もコダックとベストの二種類、其の他種々様々で街の玩具屋にないようなものがぎっしり蔵に詰まっている。まだ小学三年生の児童が複雑な機械を自由に扱ふのには感服の外ない。それから、我が若旦那の金使ひの荒いのは有名で、屢々《しばしば》新聞に載ったものである。

機嫌の良いある日、葦町や赤坂の綺麗どころを五、六人招いて部屋に待たせておき、当時の五円札と十円札の札束を掴んで庭園の池の畔へ行って、石垣の隙間草叢、小穴や小石の下などにそれを隠し、「いいぞ」の呼び声で、彼女等裾を乱し我先に嬌声を上げながら探し廻るのであるが、狭い範囲の中、全部探し出すのに時間はかからない。拾円札五枚見付けたとしてもその五拾円は彼の五ヵ月分の給与に当たる。賑やかに騒々しく嬌声は書生部屋まで聞こへてくるが、当方さっぱり面白くない。後で彼は箒を持って掃く真似をしながら目を光らせてみたが駄目だった。また若旦那は世界漫遊で地中海をどこぞの王様と同じ船をチャーターして船旅を楽しんだそうだが、帰朝の際、邸の秘書室に英国製の高級服地が三十反ほど持ち込まれた。これはてっきり二号さんに洋裁店でも持たせるのかと思ったら、そうではなく洋行帰りの土産品だそうで、書生は其の数に入っていない。

時に邸には色々な人が訪れる。暴力団の幹部連中、相撲取り。ある日、執事室に紋付羽織袴で中年の一寸目の鋭い男性が座っていたので、先輩に尋ねてみたら柔道の三舟さんとのことだった。こういう人達がお邸にご挨拶に来ると、お祝儀が出るのである。

ところで私が当邸に住み込んで二ヵ月経過したが、学校の話は全くなく、従兄もなかなか姿を現さない。受験シーズンも過ぎ、半ば諦め早稲田の講義録を取ってぼつぼつやっていたところ、五月頃になってやっと訪ねて来たので、早速学校の件を尋ねたところ、

「まあ急ぎなさんな、時機を待ちなさい」

といふ言葉が返ってきてがっかりした。これで物事は直接本人と対談の上、事情を確認する必要のあることを学んだ。

其の夏、坊ちゃん嬢ちゃんが沼津の別荘に避暑に行くことになり、お付きの女中さんと、書生では私がお伴することになった。何分書生の中では私が一番年若なので良い遊び相手で、兄妹で私を独占しようとしてちょいちょい喧嘩が始まる。常日頃は書生女中の身分ははっきりしているが、劇場や汽車旅行のお伴は一等席である。坊ちゃん嬢ちゃんと共に食

堂車で洋食を食べながら、パンは手で摘まんで裂いて食べるもの、綺麗な銀ボールの水は飲むのではなく指を洗ふもの、料理を盛った皿はナイフ、フォークの置き方で、ボーイが無断で持ち去ることなどを知った。

そうこうするうちに書生生活も一年を過ぎた。デパートへのお使ひでエレベーターにも乗り、当時日本橋の三越だけにしかなかったエスカレーターにも乗り、銀ぶらもやってみた。昭和四年頃である。野球は早慶戦全盛の頃、映画はシネマ・トーキーになり、天然色はカラーと呼ばれ、映画がものをいうようになり、弁士が不用になる時代を迎へた。レビューやラインダンスなどあちらものが盛んになり、『君恋し』『東京行進曲』などの流行歌が世に出たのも此の頃である。私も一応東京の雰囲気に馴れ、先輩に色々尋ねずに市内何処へでも行けるようになった。

丁度其の頃、W家に異変が起きた。奥様が駒沢の別荘の方へ別居するようになり、間もなく奥様の姿が駒沢から消へた。坊ちゃん嬢ちゃん可哀相にと使用人達が話題にする頃、秋風にのって微かに祇園精舎の金の音が響いてきた。家運は傾き、会社の経営は行詰まり、豪邸は人手に渡ることとなり、もう書生も女中も馬も犬もみんなお払ひ箱である。奥様との

恐縮ですが
切手を貼っ
てお出しく
ださい

1 1 2-0 0 0 4

東京都文京区
後楽2―23―12
(株) 文芸社
ご愛読者カード係行

書　名				
お買上 書店名	都道府県　市区郡　書店			
ふりがな お名前			明治 大正 昭和　年生　歳	
ふりがな ご住所	□□□-□□□□			性別 男・女
お電話 番　号	（ブックサービスの際、必要）	ご職業		
お買い求めの動機 1. 書店店頭で見て　2. 当社の目録を見て　3. 人にすすめられて 4. 新聞広告、雑誌記事、書評を見て(新聞、雑誌名　)				
上の質問に 1. と答えられた方の直接的な動機 1. タイトルにひかれた　2. 著者　3. 目次　4. カバーデザイン　5. 帯　6. その他				
ご講読新聞　新聞		ご講読雑誌		

芸社の本をお買い求めいただきありがとうございます。
この愛読者カードは今後の小社出版の企画およびイベント等
資料として役立たせていただきます。

本書についてのご意見、ご感想をお聞かせ下さい。
① 内容について

② カバー、タイトル、編集について

今後、出版する上でとりあげてほしいテーマを挙げて下さい。

最近読んでおもしろかった本をお聞かせ下さい。

お客様の研究成果やお考えを出版してみたいというお気持ちはありますか。
ある　　ない　　内容・テーマ（　　　　　　　　　　）

ある」場合、弊社の担当者から出版のご案内が必要ですか。
希望する　　希望しない

ご協力ありがとうございました。

ブックサービスのご案内〉
社では、書籍の直接販売を料金着払いの宅急便サービスにて承っております。ご購入
望がございましたら下の欄に書名と冊数をお書きの上ご返送下さい。（送料１回380円）

ご注文書名	冊数	ご注文書名	冊数
	冊		冊
	冊		冊

不和の原因は、奥様は近代的才媛でスポーツを解するのに、旦那の好みは京都風花簪にだらりの帯タイプだった。

芝区三田に邸宅を構へるW家二代目・若旦那の父親で、当時、貴族院議員・T電力会社の社長。因に副社長は、関西財界の雄で、宝塚少女歌劇団の創立者小林一三氏だった。私は坊ちゃん達の願望により、お付きの女中さんと共に三田の邸へ同行するようになり、早々に荷物をまとめて三河台のお宅に別れを告げた。事が急だったため、執事、書生、女中の皆さんとゆっくり名残りを惜しむ余裕もなかった。彼を紹介してくれた従兄とは連絡がとれずじまいである。私が新しく住み込むことになった邸の使用人は三河台より少ないが、書生が八人もおり玄関口は机で一杯なのには驚いた。当邸の住人は、大旦那夫婦、若旦那の弟四人、上から社員、慶応大学、予科、普通部と三人共ラグビー部員、令嬢は花嫁修業中で長唄なども習っていた。車は一台で三河台より大分倹しい。然し書生八人の用途は何なのか。やがて理由が分かり、これでも足りないくらいだと思った。

日曜日、此の日は裏のグラウンドでラグビーの練習である。書生頭一人を玄関に残し、揃ひのユニフォームに着替へ令息達のお相手である。其のうち三河台の坊ちゃんもやると言ひ出し、私も動員され、パス、キック、ドリブル、タックルなどをやらされ、顎を蹴られたり、腹をいやといふほど大地に叩きつけたりしたものである。

此邸にも馴れてきたある日、玄関で呼鈴が鳴り私が応待に出ると、中年の女性が大事そうに抱へていた品を、

「今度は誠にお目出度うございました」

と口上を述べると、どうぞと差し出した。私は、

「奥へ届ければ宜しいのでしょうか」

と、名前を尋ね有難く受け取り、礼を述べ奥の居間へ行き、奥様に渡した。暫くすると、女中さんが妙に真剣な顔をして急ぎ足で内玄関に現れ、奥様がお呼びですよと書生頭を連れて行った。軈《やが》て、玄関に帰って来た書生頭は私に向って、

「本多君えらいことしてくれたなあ、僕に一言いってくれればよかったのに」

「どうかしましたか」

と私は尋ねた。

「どうかしましたかじゃないよ。あの品は当家で受け取るべき品じゃなかったんだ。これ

だよ、奥様は」
と、両人差指を頭の上にのせ、私の顔を見詰めた。私はきょとんとしながら後の説明を聞いて納得した。品物は赤ちゃんの産着だったらしい。成程、当家には無縁の贈り物で、使者が届け先を間違へたのだった。大旦那の二号さんが出産したらしく其のお祝ひだったのだ。当家二代目は養子のため、奥様に頭が上がらない。夕方帰宅した大旦那は、落ち着く間もなく顔を赤くして車でまた出て行ったが、夜になっても帰らなかった。またいつかは一人の女のことで親子口論したこともあった。当家の二女は関西のある素封家に嫁いでいたが、スキャンダル問題で新聞の記事になり、事前に新聞を買ひ占めようと騒いだこともあった。其の頃、細田民樹といふ作家が書いた『真理の春』といふ小説は、若旦那がモデルとなっている。色々なことがあり、また秋風に木の葉がハラハラと散りそめる頃、祇園精舎の無情の鐘が諸行無常と鳴り出した。

ある日、書生頭から近日中赤坂見付の方へ引っ越すとの話があり、幾日もしないうちに三宅坂を上った所に引っ越した。案外小さな家で、都落ちが現実になった。世間で「成金は三代で潰れる」とよく言われるが、典型的な実例である。苦労を知らぬ御曹司の放埒《ほうらつ》の果ての終局である。

坊ちゃん達は一先ず新居に落ち着いた。私等五人になった書生仲間で、今後の生活について色々話し合ってもみた。書生生活を振り返ってみるに、早三年の歳月を経ている。勉学を志し角帽を夢見て上京した私だったが、夢は遂に破れ、貴重な時期の年月は無為に過ぎ去った。さて今後の身の振り方をどうするか、依然として従兄の消息はない。他に知る人とてない大東京の空の下、ぽつねんと机に頬杖をつき、心細い我が身を労りながら、然しこうも考へた。思ひ切って上京したお陰で首都東京の姿も見、中身も多少知ることが出来た。良い社会勉強になった。と、華やかさ、賑やかさ、豪勢さ、あらゆる面での無限の可能性、運と才覚があれば、頭に描いていることも不可能ではない、と同時に恵まれぬ運命の下では万不如意であろう。三年の書生生活で社会の種々相に遭遇し、表裏の実体を垣間見ることも出来た。実業家、政界人も外見と中身では随分違ふところがある。地位や名声への欲望のために家庭を犠牲にしているところもあり、家族構成員の中には運命の子と呼ばれる家族もいることがある。

然し又、私自身の少年の日の思い出として自転車での東京の坂巡りがある。六本木は少々高台になっているので、溜池・飯倉方面、十番の坂がある。赤坂見付方面では左に青山、右に三宅坂とあり、其の他に邸の出入りの御用聞から何処に坂があり、あの坂は急で上れないとかの情報が入るので、いつかお使ひがある時は、普通は電車で行くことになっているが、執事のご機嫌をとってあるので、奥への挨拶から書生部屋へ戻ると、袴を脱ぎ捨て雪駄を履いて自転車で飛び出して行く。往復の電車切符は蓄めておいて、盆・正月の薮入りの時に使ふ。そういうわけで、駿河台などかなり遠くまで出掛けたものだが、十番の坂は土台自転車では無理で、何の返まで上れるか三度挑戦してやっと九・六合までの記録で満足せざるを得なかった。

これは三河台時代の話で、三宅坂の新居に移ってから真剣に今後のことについて考へるようになった、ある日、郷里の父親から手紙が届いた。内容は未だ学校に行っていないようだがもう諦めて、金儲けに専念した方が近道だろうとのことである。何か前途にパッと光が射したような気がした。他に身寄りも頼れる人もない一人ぼっちの身に、何の方策がひねり出せようか。早速承諾の返事を書いた。話によると私の姉夫婦がインドネシア・ジャワ島（当連蘭領東印度ジャワ）で商売（日用雑貨・物産商）を始めたが、順調で支店を開店しようと思ふが、出来れば他人より身内の者をといふことである。ここに来て彼は尽きぬ角帽への未練を断ち切り、身も心も新たに彼の人生航路を取り舵いっぱい新天地南方を見据へいよいよ出港することになった。

W家に暇を乞ひ、坊ちゃんには先方よりの手紙を約し、書生仲間とはゆっくり互ひに将来への展望や健斗を語り合ひ、三年間の気持ちを整理し、従兄とは連絡のとれぬまま帰郷した。

インドネシア・ジャワ島へ渡航

渡航に際し、両親と別離の挨拶を交し、特に身体に留意のほどを希念し、昭和五年五月チェリボン丸で神戸港を発った。当時は未だ航空便など無く、ジャワまで十一日間の船旅だった。赤道通過の際は汽笛を鳴らし、赤道祭として特別にご馳走がでた。彼は船に弱い方で、あまり甲板には出なかった。汽笛が鳴ると、

「おーい赤道が見へたぞーっ」

と言ふ声におやっと思った。赤道が海面から赤く見へるとは？　暫らくして、呼び声につられてどかどかと階段を駆け上がった連中がうまくかつがれたなあと笑ひながら下りて来た。

船が目的地に近付くにつれて不安感が頭を持ち上げてきた。彼は義兄を全くしらないのである。写真を見たこともなく、先方もまた此方を全然知らない。父親から聞いた話によると、背はあまり高くなく肩幅が張っており鼻は高くない。ただ是れだけが頼りである。

船旅もそろそろ飽きがくる頃、やっと明朝スラバヤ入港との知らせである。私はやれやれと思った。当日朝、チェリボン丸は汽笛を鳴らしながらゆっくりと接岸した。乗客は出迎への人達と手を振り合ったり、声を掛けながら荷物を下げて埠頭に降り立ち、幾日振りかの再会に暫し談笑したりして三々五々埠頭を後にするが、私の出迎へらしい人が見当たらない。いよいよ不安が現実になり、同船の客は段々岸壁から遠ざかって行く、「これはどうしたら良いかな」私は困った。言葉は分からない。馬来語（インドネシア語）は、お早う、今日《こんにち》は、それに数の数へ方、百くらいまではどうにもならない。途方に暮れていると、一番遅く下船した客が親切に問ひ掛けてくれ、

「其れは心配だね、多分何かの事情で送れたのだろうから」

若しいよいよの時は、スラバヤ領事館に行くよう、馬来語をカタカナで紙に書いて、これをタクシー運転手の顔を見ながら読み上げるようなど助言を受け、お礼を述べ顔を上げてふと前方に目をやると、誰か一人此方へ向いて急ぎ足でやって来る。期せずして二人共ほっとして、到着を待った。これが義兄と分かりやっと救われた。某氏には両人で丁重にお礼を述べ別れた。

ジャワでの生活

義兄はスラバヤの街見物でもして行こうかと言ってくれたが、私はあまり気乗りがせず、プロボリンゴ州カラクサーン町字チョンドンといふ義兄の店へ直行した。姉とは六年振りぐらいだった。姪が五歳を頭に四人、甥が一人、他に現地人の下男下女、子守が二人、皆マドラ人である。

ジャワで店を経営している日本人は、都会での洋品店と、田舎に入り日用雑貨と農産物を扱ふ掛け持ちに分かれる。一財産稼いだら内地へ引き揚げようといった一旗組は後者の方で、義兄もこちらを選んだ。儲けも大きいが苦労も多く多忙である。

気候は乾期と雨期に分かれ内地のように四季の変化はない、亜熱帯地方だから一年中暖かいが、乾期には朝夕ひんやりしてセーターの必要な時もある。雨期にはたまに雨が降るが、いわゆるスコールで、見てる間にサーッと来てサーッと行ってしまふ。日中でも内地のような湿気がないので別に扇の必要も感じない。

義兄や姉から色々とジャワについての知識や注意を受け、改めてよーし頑張るぞと心に誓った。言葉は段々に憶へるから別に急ぐ必要もないが、金の勘定と商品名はなるべく早い方がよかろうとの義兄の言葉である。他人の店に奉公するわけではないので其の点気が楽だった。早速、店に立ってみる。平日は特に忙しいこともないが、週二回店の近くに市がたつ、当日は早朝から成程忙しく、昼頃には一段落して平常に戻る。店頭には毎日生活に必要な品を並べてある。石油（照明用）・食品油・米・砂糖・コーヒー・煙草・石鹸・菓子類・副食物・飲料品・洋品雑貨などこの店頭の部が一番忙しいのである。初めのうちは何でもかんでもアーパ（何）の連発で、アーパアーパと言っておれば先方で現物を指差して教へてくれる。然し厄介なことには、田舎ではインドネシア語だけでは通じない。もう一つ地方の言語が必要である。ジャワの中心から東がマドラ語、西がジャワ語と分布している。私の地方はマドラ語で、インドネシア語と両方憶へるのが何ともややこしい。私の店内での様子をじーっと見ていたある者が、シンニョー（独身者）は此処のトワン（旦那）の義弟だそうだけど可哀相に気の毒だと同情を示していたそうである。私は話がまだ出来ず、ただアーパと言ふだけでにやにやしているので少々足りないのだと思ったらしい。私は早く言葉を憶へ多少とも会話が出来ればと思ふが、何分二つの言語がこんがらがって思ふようにならない。

何だか物足りなく、淋しいような満たされないような憂うつな気分になる。ホームシックとはこういう気持なのかなぁと思った途端、心は遥か故国の空を駆け巡る。両親の顔が瞼に浮かぶ、よくまあ末子の自分を遠く赤道を越へた南の島へ送り出したものだなあ、元気で長生きしてね。ごっそりまとめて親孝行するから、私は瞼の親に誓った。次の瞬間思ひは東京へ飛んだ。坊ちゃんどうしてるかなあ。書生仲間未だ居るかな、スペイン語を勉強してた沼さん本当にアルゼンチンへ行く心算なのか、あの藪入りの時、一日中浅草で映画を見、帰りは京橋から銀ぶちと洒落、ぶらぶら新橋まで歩いたものだったなあ、『昔恋しい銀座の柳』『仇な年増を唯が知る』『東京行進曲』の一説を口遊みながら懐かしの映像、走馬燈の灯りはなかなか消へない。其のうちふっと筑紫の麗人の面影が浮かんだ。

私が小学三年生の頃、父親の仕事の都合で一家は福岡へ転居した。鉱山業家の依頼で事業の残務整理だった。I家は大きな邸宅で、玄関を入ると月山があり右奥の方に庭園が展がり、大きな木が何本も植わっていて、四季それぞれの趣きがあり遊ぶに飽きない屋敷だった。此の邸には私と同年の雅子さんと二つ年上の華子さんの二人の嬢ちゃんがいます。初め他の町に居たが、後に此の邸内にお世話になり仕事の方も終り、彼等一家はまた伊万里へ帰った。

それから後日私は上京し、書生をやめジャワ行きが決まった時点でふと雅子さん姉妹を思い出し、手紙を出してみたら、近日中に上京するかも知れないとのことだったのだが、私の方が先に福岡のI家を訪れることになった。私は二人共立派に、綺麗なお嬢さんに成長していることだろうなと想像しながら玄関に立った。女中さんが顔を出したので本多と告げたら、暫らくして微かな絹ずれがほのかな香りと共に優美な姿を私の前に現した。雅子さんである。あらーどうぞと部屋に案内された。まあー久し振りねえ。と華子さんが現れ、奥さんも見へて一先ず挨拶を交わした。六年振りの再会である。想像はしていたが、いずれが菖蒲か杜若か、妙令の美しい婦人を二人前に並べて、私は眩しいような気がして、さて何と言おうか一寸戸惑ったが、雅子さんの「今度ジャワへいらっしゃるの」が誘ひ水となり順調に話は進んだ。幼ない時代の思い出話で、ピアノ演奏・二人での琴の合奏・雅子さんの胡蝶の舞の踊り、私が蝶を追ひながら足を踏み外し、池へ落ちたこと等々、話は弾み、博多弁が出るに及んで話はますます佳境に入る。奥さんから今晩泊まっていらっしゃいとの好意でそうすることにした。翌朝奥さんから映画でも見てゆっくりお帰りなさいな。といふことで、雅子さんの案内で博多東中州の映画館に入った。観覧中、隣りの彼女を見たらじっと画面に見入っている。私は一寸手に触ってみようかな、と思ったが、変な真似して彼女に一生下品な印象を抱かせては名が廃ると手を引っ込めた。映画は終り外へ出た。いよいよ永久にお別れか。刻々と時刻は追ってくる。もう多くを語ることもなかった。

「では雅子さん、もう会うこともないでしょう。身体に気を付けてね」

「正利さんもね」

最後の目と目を交わし、万感を籠めてサヨウナラ。気が付いたら雅子さんの手をしっかり握っていた。ゆっくり手を離し、後ろ髪を引かれる思ひにじっと耐へ、後ろを振り向かぬまま私は列車の客となった。これが私の一生を通じて青春時代の淡く甘いロマンスの思い出である。

暫くし、郷愁に浸り昼の夢を見ていた私はやっと現実に返り、改めて現地での商売のやり方について考へてみる。都会とは違ひ客はほとんどジャワ人とマドラ人で、客に買って貰うより売ってやるなので、下手すると彼等はトワン達（私達）から怒られる。彼等は商品を買ふに当たり必ず値切ることが習慣になっている。市場の立つ日や多忙の時など、いちいちの応待が厄介で面倒になり、ちょいちょい怒鳴ることもある。それにある程度のインテリ階級でも、店内で隙をみてちょいとごまかす習癖がある。現場を発見されて怒られると、皆、「忘れていました。どうも」こういう言ひ方をし、盗んだ品を元に返せば罪は消へるといふ観念なので、元に戻した後で色々怒ると、品物はすでに返したのだからトワンの所有でしょうと逆に文句を言ふ。こういった調子が日常の風景である。

農産物としては米・大豆・クラト豆・玉蜀黍・もやし豆・落花生・タピオカなどがある。例へば玉蜀黍の時期になると、女は日常、物を頭に乗せて歩く習慣なので、竹笊や洗面器などを頭に乗せて運んで来る、男は天秤棒で担ったり、麻袋に入れて車で運んだりする。最盛期には一日麻袋百五十くらい買い付ける。朝開店時にはすでに列を作って並んでいる。一人は買い付け専門で朝から晩まで、秤の横に机を置き金庫を乗せ、昼食は立ったまま、それに秤に乗せた産物の乾燥度をチェックし値踏みするのだが、これが大事で損得の差がでる。店内も人が一杯で下男下女も手傳はせる。買い付けた産物は裏の天日乾燥場に運んで一面に展げ、八十％乾燥したら袋に詰め、倉庫に運んで積み上げる。此の頃になると十人くらい日雇苦力が必要で、大抵牛車十五台くらい毎日町の中国人物産業者に送ることになる。

こういう忙しい時にはまた彼等色々の盗癖心が多方面に働き、一度売り、金を受け取った産物をまた列の後方に並んで二度売りを考へる、あるひは金を受け取り、倉庫に引き渡すべきものを素通りして、他所へ売りに行く手もある。仮りに、見張りを付けても油断していると、売り手と談合の上、仲良く山分けなどといふこともある。店内では陳列戸棚を勝手に開けて、サロン（腰に巻く服装の一部）を万引しようとする。

「誰だ、勝手に戸棚を開けるな、すぐ来るから待っとけ」

と怒鳴るが、店頭の日常品売場の混雑でなかなか手がすかない。振り返って怒鳴りながら牽制するが見透しが利かない、そうなると店頭の一人が奥へ移動してそれ等を処理するが、いちいち値切りに応じていたのでは時間の浪費である。それで忙しい時は掛値無しだから欲しかったら金を出してくれ、嫌だったら店外へ出てくれ。こうした商売のやり方に当初私は驚いた。よく客が来るものだと、日本人の店は大抵此の調子である。然し中国人の店では絶対にこうした風景は見られない。それに偽金が実に多く、四、五年くらいになり真贋識別の目が肥へても、やはり知らぬ間に受け取っていて売上計算の時に発見される。特に五銭・十銭・二十五銭硬貨が多い。普段は金入箱の蓋の上にぱたんと叩きつけた音で分かるが精巧な物はそれでも見逃す。当時の物價は砂糖一斤五銭、米六銭、コーヒー並十二銭五厘、石鹸一ケ五厘、卵一銭五厘、鶏一羽十二銭五厘、牛肉（手の平くらいで）二銭五厘、オッパス（巡査）月給七円五十銭くらい、小学校教師十円くらい。家の下男二円五十銭、下女二円、子守七十五銭と一円。昼晩食付で夕方帰る。但しこれは日本人店ゆえの高給である。店の近所の住民の日々の買い物は、灯油一銭・椰子油一銭・砂糖一銭五厘・コーヒー一銭五厘・醤油五厘とまことに零細な金銭単位であるが、これでやはり儲かるのだから商売である。

ところで当時のジャワに於ける日本人の地位と申すか、彼等の日本人観について一言記す必要があるように思ふ。まず日本人は世界の一等国民であり、日本の安価で優れた商品のお陰で生活に不自由しない。それに日本人は性格がさっぱりしていて時に怒るが、怒られるようなことをするからいけない。事実日頃は冗談を言ひ、ひやかしてみたり恍けた馬鹿話をしたりする。彼等の結婚式・割礼（男子十歳くらいで性器の先端を切除・成人式）などで招待を受ければ客として出席し、慣習に従って為すべき礼を行ふ。打ち解けた交際で彼等に不評を買うようなことは一切なかった。トワン（旦那）の呼称は日本人・白人・アラブ人に限られる。彼等のほとんどはイスラム教で、教祖マホメットがアラブ人といふことによる。他は東洋・印度・中国・朝鮮は勿論、全部ユーと呼ぶ。英語のＹＯＵではない。永年の習慣らしい。当時ジャワはオランダの植民地でその統治下にあった。オッパス（巡査帯剣）は中国人や現地人の商店には必要に応じて一声かけるだけで自由に店内点検が出来るが、日本人店には通用しない。オッパスの上にペルプリシー（刑事）がいる。これはインテリで拳銃を腰に付けていて、こういう連中が店先に立ちでもしたら、店の人達は何事かと心中穏やかではない。然し、日本人の店では買い物なら店内に入れるが、何か点検するのであれば入れない。是非必要の場合は、州警察庁長官の指令書の提示が義務づけられている。日本人に対し官憲は右のような処遇をしていた。つくづく日本人に生まれて良かったと日本人であることに感謝したものである。

忙しい日々を送っていた私も何時の間にか三年の年月を数へるようになり、二種の言語も調子よく操るようになったので、義兄は本店より東方五キロぐらいのガデンといふ所に支店を開いた。下男夫婦は隣りに住まわせ、私は下男と二人で店を受け持った。都合により食事は本店から先方の下男が自転車で運ぶことに決まった。支店は物産を扱はないので本店のような忙しさはない。現地では華僑（中国人）の店が多く、よく日本人の店と競争になる。本店では三代目の華僑に対抗していた。支店も七十メートルくらい先の華僑と対峙することになったが、私はあまりその方へ神経を使ふことはしなかった。

支店では勿論日本人は私一人で、毎日マドラ語・インドネシア語ばかりで、日本語はたまに鼻唄が出るくらい。週に一回土曜日の閉店後、オートバイで本店へ行き、一泊して翌朝帰ることになっているので、其の時一週間振りに日本語を話すことになる。土地柄田舎のこととて世間を見回しても特に変わったこともなく、内地と違ひ春夏秋冬の四季の変化もなく、無事平穏の日々が流れていくのであまり日時の経過に気が付かない。

気が付いた時には支店開店以来すでに五年の歳月が流れ、私はもう青年になっていた。青年になったは良いが、考へてみれば私には娯楽といふものが無い。ラジオ・テレビは勿論ないが、映画館・クラブ・キャバレー・バー・カフェなど歓楽街は町に出ればいくらでもあるが、彼には全く無縁の存在なのである。勿論彼は不具廃疾でもなければ木石でもない。喜怒哀楽の感情を持つ一人の男性である。では何故そのような、と言へば実はこうである。日本人商店経営者は大抵店員の必要や支店経営のため、身内の青少年を内地から呼び寄せている。若者だから娯楽を求めて週一回くらいは近くの町へ息抜きに出掛ける。小遣ひに不自由はなく、日本人の面子にかけて札片を切るのが潔いので、何処へ行ってももてるのである。これが自重を欠《か》き嵩じると、店の金を使い込む、何処かに女を囲うということになる。

こういう事実を見聞している義兄は、私の将来のためを思い、たまには遊びに行ってこないか、といふことを一度も言わなかった。然し、支店からは行こうと思へばこっそり行けぬこともないが、最寄りの町まで十五キロはある。自転車では帰りが大変、どうしてもオートバイになるが、ハーレーの千二百ccで、エンジンをかけたら近所一帯鳴り響き、人が、がやがや集まってくる。日本人は数少なく目立つ存在なので、何かあると何十キロの遠くの日本人にも噂はすぐ広がるので滅多なことは出来ない。そういうわけで、私は何時の間にか模範青年として日本人の間で評判になっていた。

義兄が行った先々で、家の義弟の店の売上帳簿と現金とは一銭の誤差もなく、きちんと金庫に保管し、店内は都会の店のように綺麗にハイカラに陳列している、と自慢していたのである。これではどうにもならない、親代りになり、実の弟より私を信頼し面倒を見てくれた義兄の顔に泥を塗るようなことは、私には絶対出来なかった。

八年間精一杯働き、忠実に支店を守り、且つ繁栄の実績を上げ、そしてお釈迦様になっていた私にやっと人生の春が訪れた。姪を内地の学校に入学させるため、姉が一時帰国し、帰りに私の嫁さんを連れて来た。私も彼女も全く知らぬもの同士で結ばれた。上京以来全く知らぬもの同士が、ある縁によって結ばれ運命を展開して行く。やがて結婚し、間もなく独立して我が店を持つことになった。支店をそっくり其のまま引継ぎ、我が店となった。義兄には尽きぬ感謝の念と深甚の礼を表した。彼は自分の自由になる財産を手にしたが、「親孝行したい時には親は居ず」で、私が二十一歳の時父親は此の世を去り、母親も三年後には後を追った。今後の目標は錦を飾って祖国の土を踏むのは何時の日か。

結婚後、希望の日々を送るうち長女を得、約二年が過ぎた頃、世界の情勢は風雲を孕み、日本とそれを取り巻く周囲の状況が険悪の兆を見せて来たので、婦女子は内地へ引き揚げた方が安全とのことで妻は長女を連れて帰国した。それから半年を経た頃、国際情勢はいよいよ緊迫の度を加へ、一体どうなるのか揣摩憶測しているうち、風雲急を告げ、スラバヤ領事館より地元日本人会へ、最後の引揚船富士丸が何月何日スラバヤへ入港するので全員引き揚げるようとの達しがあった。其の日までは二週間の日時である。突然のことで戸惑ったが決断は一つしかない。もう其の時点では金も物資も内地へ送る手段はない。持ち物は小型鞄二ケ、現金千ギルダー(千四、五百円)、貴金属各人一ケ厳守である。店の商品を金に換へても持って帰れない。ある程度換金して、下男下女子守や近所の人達へ分け与へ、店舗は信頼出来る呉服問屋の華僑に一切を任せた。一年もすれば帰れるだろうくらいに思ったのが結局全部財産放棄といふ結果になった。

内地へ引き揚げ

最後の引揚船富士丸は、途中無事十一日間の航海を終え、昭和十六年十二月七日神戸に入港した。宣戦布告の前日、きわどいところで一日スラバヤ出航が遅れていたら、台湾かフィリピン沖で敵潜水艦の餌食になっていただろうとのことだった。

私は神戸の旅館に一泊したが、旅館での一晩は何とも名状し難い。不幸不遇の己が、運命を呪ひたくなるような複雑な感情に打ち拉しがれ、不覚にも滂沱《ぼうだ》と落つる涙に枕を濡した。オランダが敵に回った以上、日本人同胞の財産の保証は望めない。十八歳の春、大いなる希望を胸に、未知の世界ジャワへ雄飛して以来、やっと基礎を打ち立て、是からといふ時期に降って湧いたような災難である。青春の喜びも楽しみも犠牲にして獲得した財産である。十一年半といふ歳月は一体何だったのか？　問題はそればかりではない。私は妻との生活上の問題を抱へていた。妻を先に内地に帰して以来、妻と其の身内対義兄夫婦と、私の実兄夫婦との間に色々と感情の縺れがあり、私と妻との間の手紙の交換も加わり、日時の経過につれていよいよ複雑に事情は三つ巴に絡み合ひ、私は如何に問題を解決すべきか困惑し悩みぬいた。私自身、ジャワでの生活では離婚すべき理由はなかった。然し、私の身内側の意見では別れた方が私のためといふ。私が島原に帰着するまでに決断しなければならない。妻を取るか、義理に生きるか、如何に考へても名策は浮かばない。遂に私は是が己の運命として後者を選んだ。

島原へ着いた私は、先に帰国していた義兄夫婦に久方振りの挨拶を交わし、妻に会ひ総ては縁薄い運命であったことを告げ、多くを語らず総てに終止符を打った。為すべきことを終へ、気分一新した私は筋として長崎の実兄宅に身を寄せた。長女は兄夫婦に託することにした。当時兄は長崎医大の事務官をしていたので、私はそこで三ヵ月ほど雑用の手伝ひをした後、軍属を志願して海軍廠に採用され南西方面軍航空廠勤務となり再び南方へ向った。

再びジャワへ

私等の乗った船は、横須賀を出航してインドネシアのセレベス島（現在はスラウエシ島）へ向った。マカッサルへ三ヵ月ほど勤務の後、チモール島クーパンへ転勤した。当時東半分ポルトガル領、西はオランダ領で、現在はインドネシアに統合されたが時々問題を起している。当時私は西部のクーパン・航空廠分工場勤務である。ここは豪州作戦の前進基地で、二度大作戦を計画、払暁豪州爆撃を試みたが、二度共出撃の一時間前に敵の襲撃を受け甚大の被害を蒙ったが、大本営発表は共に被害軽微で、以後大本営発表はただ聞き流すだけになった。他に特に変わったことはなかったが、海軍第四兵団分隊と我が航空廠との談合で、慰安所設営の計画を実現することになり、慰安婦を五名揃へるようそこで通訳をしていた私に命令が下った。私は募集に際し、素人の娘らは無理で、経験者でないと見付からない旨を告げ、また若し病菌保持者だったらどうなるのかの問ひには、医務室で検微するから大丈夫とのことでほっとした。私は方々での噂を聞き出し、ようやく五人揃へ、事前に十分説明し、条件、待遇などで本人の承諾を確認の上医務室へ引き渡した。

私は当地で一年間勤務の後、ジャワ島スラバヤ本部勤務となり、現地人少年工員を養成する教育課に配属された。転勤の際は幸便を得て爆撃機に便乗し物珍しく面白かった。本部はスラバヤのタンジュンペラ飛行場で、現地工員・見習生共に四百人くらい、日本航空百五十人くらいが同居していた。私は暫らく養成工の教育を担当していたが、乞はれて暫らく日本航空に籍を置くことになった。当時は日本航空輸送隊といふ名称で、本部長向坂六郎退役、陸軍中将閣下工場長は犬伏万平氏、新規見習工員を教育することになり工場長の希望として三ヵ月の期間を要望され、少くとも六ヵ月は必要と思ったが已《や》むない事情だった。教育の成果が良し悪しに拘らず、教育者の名が残るので私は慎重に考へた。技術指導の池浦技師・人事担当の梶ケ谷両氏と相談の上、優秀な青少年を選抜するため手間をかけ、地方にも出掛けて、二百五十人くらいの中から三次考査・身元調査を経て四十五名を採用した。

教育の内容は日本語、簡単な学科、教練、団体行動、精神教育の部では広瀬中佐・九軍神・爆弾勇士等が教材になる。教練は初め航空廠の兵隊さんに頼んだが、後には自分でやることにした。四十五名の生徒は十分に我々の期待に応へてくれた。学科、実習共に優秀な成績を以って教育期間を終へ、現場へ配属されたがなかなか好評だった。池浦技師の発意で私を表彰しようと言ふことになり、私は辞退したが話はどんどん進み、工場長名だったのが本部長閣下名で明治の佳節に本部で表彰され、大いに面目をほどこすと同時に尻こそばゆい思ひをした。表彰状と副賞として銀の手箱をいただいた。私は日航に良い思い出を残してやがて航空廠へ戻った。

当時内地では大分爆撃の被害を受け、戦況は芳《かんば》しくなかったようだが当地スラバヤでは至極無事平穏で、何処で戦争なんかやってるのだろうくらいの感じだったが、やがてスラバヤの上空に敵機が現れるようになった。四発動機コンソリデーデット一機現れると、日本の零戦闘機は遠巻きにしてお供しているようで、鷹に群がる雀の図である。爆弾破裂の音も聞くようになり、いよいよ戦線は当地へ延びて来たかと緊張した。後には夜間敵襲があり、敵機が上空にいる間我が方は誠に静かであり、飛び去った後で零戦一機がゆっくり舞い上り上空を一回くるりと回るだけになった。敵機を射撃しても弾が届かないのが曳光弾で良く分かる。其のうち兵員現地、補給のため、元ジャワ在住で兵役延期願をしていた私等も、シンガポールで徴兵検査を受け、全員陸軍船舶兵として第六大隊に入隊した。三十三歳の初年兵である。

陸軍へ入隊

然し其の時点では兵隊とは名ばかりで、牛蒡剣も下げず、背嚢《はいのう》も背負はず、鉄砲も担がず足にゲートルを巻くだけの徒手空拳で、上官に若しソ連の戦車が上陸して来たら、二人に一ケ手榴弾を渡すからそれで戦え、と言われたが、兵隊になりたての私には其の意味が分かるのに少々時間がかかった。あるひは、此地で我が身も果てるやも知れないのかと思ひ、私は真剣な気持ちになった。手旗信号やモールス信号の打ち方など、習ひ始めて三ヵ月くらいで遂に戦争は終った。予想されてはいたが無条件降伏とは衝撃であった。感無量である。我が隊には悲壮な決意で自決する者はいなかった。

私等の部隊は暫らく、敵の倉庫などの整理清掃に動員されていたが、其のうち町から村へ、村から集落へ、そして山野へ、最後はシンガポールから船で一時間の無人島レンバン島へ送り込まれた。此の地方の部隊は此処に終結させられ復員の日を待つことになった。配給の食料だけでは足りないので、自給自足、畑を作り、苗の配給を受けタビオカ芋を植へたり、海岸へ行き、蚊帳で稚魚を獲ったり、木の根や葉などを口にしてみたが苦くて食べられない。部隊は各分隊で天幕を張り、寝泊まりすることになった。此の耐乏生活のお陰で私は栄養失調になり、身体が衰弱し、ちょいちょい医務室通ひとなり、日々の作業も満足に出来なくなった。

ある日私は分隊で薪拾いに行ったが、身体がだるくて休み休みのためいくらも薪が取れない。これを見た班長林軍曹は、

「本多は食ふことは一人前だが、仕事は半分も出来ない」

と不機嫌に言ひ捨てた。誠に其の通りで申し訳ないと思った。が、次の瞬間然し何もわざと自分でそうした状態を作りだしたわけでもない。仕方がないではないか、と思った途端、むらむらと心に燃へ上がるものを感じ、よーしとばかり其れ以後私の態度は急変した。敗戦の結果無条件降伏・武装解除された。世に日本帝国軍人は実在しない筈のものが、最早我が部隊では形式は存在していた。先任者を呼ぶのに班長殿、何々上等兵殿である。少し離れた所から班長が私を呼んでも返事をしない。

「ほんだー、ほんだー」

と怒鳴りながら近くへ来て初めて私は小さな声を出す、声が小さいと怒鳴られ中位の声になる、もっと大きな声が出ないのかと側に立った時に、吃驚するような大きな声で返事する。そこで馬鹿野郎と一発びんたを食らう。またそれが上官に対する態度かと往復びんたを食らうこともある。私は体力がないのでふらふらよろめく、然し打たれたら必ず一つと口に出す。

「何か言ったか」

「一つと言ひました」

「何だそれは」

「打たれた数であります」

「数へてどうするんだ」

「忘れません」

ここまでで、後は班長の顔を睨みつける。こういう調子で毎日私の班では怒声が絶えないので、隣接の班から苦情がくる。勿論自班の上官から意見されるが、はいはいと神妙に聞くだけで効果なし、本来新兵は上官の食器洗ひや洗濯物など受け持つのであるが、始め私はそれもやっていたが、後にはやらなくなった。

ある時私が洗濯に行こうとしたら、班長が肌着を洗ってきてくれといふ。

「石鹸を貰ひます」

「そこにあるじゃないか」

「これは自分のであります」

「ああそうかじゃーいらない」

「水洗ひでいいでありますか」

「おー」

川へ行くとまず班長の肌着を水に漬け流れないよう重しをする、自分のだけ石鹸で洗ひ、班長のはぱちゃぱちゃと水洗ひして幕舎に帰ると自分のだけ干して、班長のは握って班長の前に差し出す。

「何だそれは」

「洗濯物であります」

「何で此処まで持ってくるんだ、干してこい」

それから私にいまいましいことが一つある。何時の頃からか、幕舎を一歩でも外に出る時は、必らず官等姓名を名乗ることになった、勿論私一人だけである。陸軍船舶二等兵本多正利ただ今より何処其処へ行って参ります。帰ったらまたこれをやる。苟しくも戦場を往来して来た古参軍曹殿を新兵の私が、馬鹿にしてかかるのだからぴんた食らふのは当り前であり、班長は何かと私へのいやがらせをする。

そこで今度彼はいい考へが浮んだ。或る日夕飯の飯上げで全部食事を整へ机に並べ、正に食事を始めようとした途端、私はすっくと立ち上り、直立不動の姿勢をとり、

「陸軍船舶二等兵本多正利ただ今より便所へ行って参ります」

念入りに左手で脇腹を押さへ下痢を連想させるための演技も忘れなかった。言ひ終らぬうちに

「行ってこーい」

と怒鳴ったのは都築伍長殿の方が早かった。班長があんな奴を何時までもかまうからいけないんだ、との苦情に他の上官達も同調した。騒音を後に久し振りに溜飲を下げた私は悠々と外に出た。やがて幕舎に戻り直立不動の姿勢をとった時点で、今後は官等姓名を名乗ら

んでいい、との許可が下りた。

こうした私と班長との騒音劇は遂に本部へ聞こへ、副官（合田中尉）より私に呼び出しがかかった。本部へ出頭すると、副官からお前の班が何時も騒々しいとの苦情がくるが一体どうしたんだ、との下問に、私は栄養失調で立ったり座したりに苦痛を感じること、一人前の作業が出来ないこと、誠に申し訳ないことなどを訴へた。側でじいっと聞いていた大久保大尉がおもむろに口を開いた。

「お前郷里はどこだ」

「はい九州であります」

「九州はどこだ」

「長崎県であります」

「長崎県のどこだ」

「島原であります」

「島原のどこだ」

「城下町であります」

「そうか島原か、俺は湯江だ（島原より諫早の方向に向って四つ先の駅）」

大尉殿は笑みを浮べながら言葉をついだ。しんみりした口調で、

「我々の復員する日も近付いたぞ」「身体は大事にしろよ」「皆一緒になあ」「元気で帰ろうじゃないか」「島原へなあ」元来情に脆《もろ》い私はここまで聞くうちじーんと込み上げてくる熱いものを懸命に押さへていた。頃合を見て副官殿が、

「帰っていい、帰ったら林軍曹に一寸来るように言ってくれ」

私は本部を出てゆっくり歩いて幕舎に帰ると、例によってそっぽを向きながら、

「副官殿が班長殿をお呼びであります」

と、こういう時、私は朗々たる声を出す。すかさず
「ほんだあ、俺はなあ、副官殿から呼ばれたからといって急にお前に優しくするようなことはないからな」

「勝手にしろ」

これは私の口から音になって外には出ない。

こういう日々が続くある日、突然原爆被災地、長崎、広島出身者は一足先に復員するこ

とになった。私も其の中に入っていた。やがて出発の日がきた。全員我隊では二十名くらいだった。残留組は左右両脇に列を作って見送るのである。私が私の元分隊に近付くと、班長が「本多」と呼んだ。私は前方直視のまま軽く「おー」と答へた。次に「よかったなあ」「おー」「元気でなあー」「おー」にやにやしながら私を見る者、真剣な顔付で両者の顔を見比べる者など、班長の最後の優しい呼び掛けも私にとっては、最早無意味、ただ空しく響くのみだった。これで私は忌はしい数々の思い出を此の地に投げ捨てて、レンバン島を後に船上の人となった。

内地へ復員

私等を乗せた復員船は、恙《つつが》なく緑の海上を白波を蹴りながらようやく名古屋に入港した。私は名古屋到着と同時に名古屋病院に入院することになっていた。最後の配給カンパンを受け取るため、広場に列を作って並んでいた。すぐ傍にお立台があり、黒い箱が四つ、五つ置いてあり、其のうちだんだん其の周りに人が集まって来た。ある楽団である。楽器の音の調律を終へ、一人の女性が壇上に立ち歌を歌ひ出した。我々くたびれた復員軍人を慰めようとのことだろう。「リンゴの唄」といふ歌だった、久方振りに内地で、直接肉声の可愛い、リンゴの唄を聞いた私は、里心がつき急に島原の空が懐かしくなった。

然し、私にはカンパン受領後入院が待っていた。病院に着いて玄関を入ると、片隅に大きな鏡があり、靴を脱いで鏡を覗いて見ると痩せこけた男が立っている。誰かなと思い振り返って見ると側には誰もいない。骸骨に服を着せた幽鬼のような眼前の映像は誰であろう、正に本多二等兵その者である。私はじーっと鏡を見詰め、これ本当に俺なのかなあ、どうも信じられない気持である。「国破れて山河あり」母国の青い空、緑の山々は温かく私を迎へてくれたが、鏡の前に立つ私の姿はあまりにも無惨であり悲痛である。此の幽霊のような兵隊に一人前の仕事が出来るわけないじゃないか唐変木め、改めて班長の私に対した処遇に憤懣やるかたなき憤りが込み上げた。やがて気分が静まると私は鏡の中の私に囁いた。総ては過去の彼方へ消へ去ったんだ、今日から新たな人生が始まるんだ、ゆっくり療養して元気になるんだね、鏡の彼は頷いた。手を上げて別れた私は受付へ行って所定の手続きを済まし、指示に従ひ一室に落ち着いた。此処ではほとんど横になってる時間が多く、二ヵ月くらいで加古川に転送された、此地へ来てから二度ほど病院の外へ出てみたが、此処も二ヵ月くらいで九州の佐賀病院に転送され、段々島原が近くなった。三ヵ月くらいして今度は嬉野病院に転送になった。此処は温泉があり広々としていて快適だった。

ここでは忘れられない一つの事件があった。私が未だ佐賀病院に居た時、田口君といふ元陸軍軍曹が入院して来た、真面目で温順な性格の持ち主で私とすぐ懇意になった。同じ軍曹でも様々である。農家の出身でよく馬鈴薯や白米を持ち込んでは二人で食べていた。栄養失調上りの私には誠に有難い存在である。間もなく二人共嬉野へ転送され、幾日か経ったある日、田口君があの看護婦さん素晴らしい人ですねとある人を指差した。私はあまり気付かなかったが、成程その通りと感じた。あんな人を奥さんに貰ったら幸せだろうななどと言ふ。つまり田口君が彼女に恋をした。といふのである。私は此の親友の希望を何とか叶えさせたいものと思った。そこで珍しくも私が月下氷人の労を買って出たといふわけである。

まず先方の家族構成や家庭環境を当たってみたら、母子二人暮しで母親は三味線を教へている。父親のことは不明である。田口君に報告したら、彼女を貰うのだから両親がどうあろうとも関係ないと言ふ。それではと早速交渉にとりかかる。病院の一室で相対してみると、なかなか美人で理知的、しとやかさがありその上なかなかの達筆である。何なら私自身貰ひたいぐらいである。まず不躾けの申し入れを謝し、田口君と私自身の関係を話し、田口君の人物像を詳しく述べ、田口君の彼女への思慕の情を伝へた。当然のことで先方は考へさせていただきたいとのことで初回の談合は終った。田口君はにこにこしながら私の報告を聞いていた。

数日後、彼女から連絡がありの例の部屋で話し合った。先方の言い分は農業の経験がないので難しい、と、そこで私が田口家は旧家でもあり田畑も十分で、田口君の意向として必らずしも農業を手伝はなくとも良いことを伝へ、若し縁が結ばれることになったら、貴女の方でも欲が出て、多少とも家業に携わろうといふ気持が起きるのではと私の意見も添へてみた。そして田口君の誠実さを強調した。俯いていた彼女は顔を上げ、笑みを浮べながら思案顔である。私は事一生の問題ですからもう少し考へてみて下さいと最後にこう添えた。第二回会談は終った。結果報告を受けた田口君はどうでしょうかねーと首を捻るが、未だ山の物とも海の物とも分からない。

数日後、三回目の話し合いを迎へた。部屋が何となく明るい感じで話が始まり、彼女は自分のことについて色々話し出した末、若し私のようなものでも良かったら、と、やっとOKが出た。田口君は感激して私の手を両手で握りしめた。早速明日、田口君の家へ私と共に行くことに決めた。

田口家は母親姉妹の四人暮しだった。私はお母さんと話し合った。言葉使ひは優しかったが難攻不落でなかなか落ちない。終始一貫して農家には農家の娘一点張りである。一度で決まる問題でもないのでその日はそれで私は病院へ帰った。

田口君は三日後に病院へ戻ったがどうも顔色が冴へない。母子喧嘩になったらしい、田口君は家のお袋はあれなんだから駄目なんですよと首を捻って歎じるだけである。どうもこの問題は望みなさそうだ。翌日私は念を押してみたが、絶望である。そのことがあって四、五日後田口君は退院していった。時には家に遊びに来て下さい、と言ひ残して立ち去った彼の後姿は如何にも淋しかった。どうもまずいことになった。彼女に何といって詫びたらいいだろう。私は斎戒沐浴した気持ちで平身低頭、事の真実を誠意をもって伝へ、深く陳謝した。彼女は微笑しながら優しくいいんですよと言ってくれた。私が一生一度の人の恋路の橋渡しは、無情にも破局を以って一件落着の幕を閉じた。

嬉野ではほとんど健康を回復し、機嫌良く過した。もう退院しても良かったが、後一回大村へ転送を希望し、二週間ぐらいで退院し、入院以来十ヵ月ほどで病院生活を終った。

社会復帰

私は一先ず島原の義兄宅に落ち着いた。そして長崎の兄が原爆の犠牲になったことを知らされた。是も運命とあれば詮なきこと。

翌日長崎の義姉宅を訪ね、まず兄の位牌に手を合わせ冥福を祈る。当時の様子を色々聞き、義姉と長女は何かの用で島原にいて難を免れたとのこと。それから長女のことについて話し合ひ、義姉にとっては今となっては別れが辛いようで、結局その方が長女のためにも幸せだろうとのことで、義姉が養女として養育することに決着した。四歳ぐらいになっていた長女を私は両手を出して抱いてみようとしたが、義姉から離れず、何処のおっちゃんか？　といった顔で私を見詰めている、自分の父親と知る由もない。私は何か侘びしい思ひで顔だけ笑ってみせた。そして義姉から兄の形見として渡した品を受け取り、また島原へ帰った。

金も無し物も無し、さて何をどう為すべきか。義兄が三、四人共同でドングリ蕎麦の製造を始めた。原料は海草と何かの澱粉で、あまり美味しいものでもないが当時流行していたものである。私は義兄と共に長崎のデパートや飲食店に売り込みに行ったが、結果はあまり芳しくなかった。

やがて此の仕事を止め、ズルチンが手に入るとのことで今度は饅頭団子の類を作り出した。私は販売係でバスケットに詰めて、長崎の闇市に行って売り捌くのである。甘い物不足の折柄今度は調子が良かった。が、五回目くらいの時長崎駅で列車を降りた途端、折柄闇商品取締り中の警官に発見され、あわや没収と思ったが懇願の末、今回だけは免除されたが、次の列車で持ち帰りなさいとのことである。私はがっかりして警官の立ち去る後姿を眺めていたが事務所の方に消へた。はっと気を取り戻した私は、折角此処まで持って来たものをと、素知らぬ顔で改札口を出、遠回りで電車に乗り何とか目的を達したが、悲しいかな此の商売も今日で廃業である。

さて今度は何にしようかと思案の挙句闇煙草に目を付けた。然しこれは専売品なので葉たばこの入手が困難だが、幸いにもジャワ帰りの知人が深江にいた。現在普賢岳の噴火で土石流が押し寄せている所である。この上古葉、辺りが葉たばこの産地だった。知人の口利きで入手出来ることになったが、匂ひが強いため扱ひが厄介である。まず新聞紙で包み、さらに油紙で包み上衣の下に隠し、日暮れを待って田園の畦道伝ひに家路を辿るといった運搬法である。これを細かく刻んでインデアンペーパーにくるんで両切煙草が出来上がる。然しやたらに誰にでもは売れない、警戒しながら人を見てそれとなく話し掛け、現品を見せて幾許かを売り付ける。まるで麻薬の密売でもしているようで、その割りには儲からない。どうも心が疲れる、いい加減うんざりしていたある日、耳寄りの情報が入った。

その頃、島原市で食糧増産の一助にと、開墾を条件に市有林の一部を払い下げた。この払い下げを受けた者に私のジャワ時代の知り合いで従兄の八郎さんがいた。私を東京のW家へ書生として紹介してくれた従兄の弟である。当人に会って事情を聞くと、新規の払い下げはもうないから共同でやろうといふので話は決まった。場所は前記の普賢岳の隣眉山である、頂上に以前開墾の先人が寝泊まりしていた茅葺の小屋があり、私は毛布一枚持って泊まり込むことになった。八郎さんは麓の深江なので歩いて通った。仕事は立木を売りその金を資金にして、跡地を開墾し主に野稲、甘藷、南瓜などを栽培する。そうして山小屋生活の第一夜を迎へた。低い山でも夜中一人で小屋にぽつねんと座っているのもあまり愉快ではない。時々風もないのにばさっといふ音がする、かと思ふと赤児の泣き声とも山羊の泣き声ともつかぬ妙な音声がする。翌日聞いたところ狸の泣き声だそうである。私は狸に騙されることもなく、馴れるに従って良く働くようになった、もう健康体である。八郎さんと共に木の切株を処理し、跡を畑に仕上げて行く、少し大きい松の切株となると、二人で一日かかっても処理出来ない。毎日根気よく続けるうちに何ヵ月かで縦五十メートル、横四十メートルくらいの畑が出来、甘藷の苗を植へやがて収穫の日を迎へた。甘藷は小屋の横に穴を掘り貯蔵した。そして野稲の種を蒔いた。南瓜は大きく育たないので一回で止めた。

ところで山で働くにしても生活に金は必要なので、甘藷の収穫以前から此の件について八郎さんと談合したが、立木を売った金が有るのに言を左右にして現金を渡そうとしない。八郎さんは立木を売った跡に残った枝木を指差し、あれで薪を作り風呂屋にでも売り込めば現金が入手出来るといふ。早速実行にかかる。薪の規格は長さ一尺二寸・円周二尺五寸、一馬車二百把積むことが出来る。毎日薪割りが続き、藪竹《ヤブ》で輪を作り一把二把と出来上がる。幾日かの後やっと馬車一合分出来上がった。今度はこれを天秤棒で担いで、馬車が登って来る山の七合目辺りまで運ぶのである。まず前後二把ずつ担いでみるがなかなか捌けない、ではと前三把、後二把にしてみるが平均がとりにくい、結局前後三把ずつになる。経験がないものだから肩が痛くて仕様がない、だからといってゆっくり構へておれないのである。甘藷収穫の前なので食糧買い出しの金が必要なのである。仕方がない我慢して前後八把にしたら、ずしりと肩に応へた。通る道が山肌を削って一人通れるようにしたもので反対側は崖になっている、地下足袋に縄を巻いて滑り止めにし、用心しながら坂道を下るわけである。何で俺はこんな目に合わなければならないのかとつくづく思ふ。歯を食い縛りながら坂道を往来しているうちにやっと運搬を終った。

こうした辛い仕事に段々馴れるに従って私はよく食べるようになった。約一週間置きくらいに農家へ食糧買い出しに行き、帰りに店で塩干魚や佃煮など少々買ってくるが、二日もすれば皆食べてしまう。後はおかずなしである。小屋に八郎さんが用意した壷に塩が一杯詰まっているのでこれを利用する、兎に角、驚くべき健啖家で、飯盒に固めのご飯を一杯炊き、これを箸の先に塩をちょっちょっとつけながら旨そうに食べてしまふ。そしてもものの一時間もするかしないうちに今度は飯盒一杯甘藷を炊いてぺろりと平らげてしまう。野菜など全然食べない、その必要を感じないのである。確かに異常であるが本人は全く気にしない。人間食べると肥へるもので、肉がついて両手を振ると脇下に腕が支え、歩く時は少し股を広げて歩く、丁度新入りのお相撲さんといったところ、こうなるとあまり重いというふことを感じなくなり、お山の大将気分で気宇壮大といった感じである。

そうこうしているうち野稲が稔り収穫を終へた。この頃になると八郎さんは毎日は登って来なくなっていた。野稲については稲のまま分けても困るだろうから精米にしてから分けようとのこと。勿論私に異存はなかった。然し幾日経っても話の続きがない。人に尋ねてみると、とっくの昔精米して貯蔵しているとのこと。八郎さんと共同で始めて以来一銭の現金も貰っていない。自分で薪を売って小遣いを稼いだだけである。ここまで来るともう黙っておれないので、八郎さんに今まで言ひたかったこと全部言った上、精米を半分、それに応分の現金をと車をひいて明日あんたの家まで受け取りに行くから準備しといて貰ふ。と言ったが何だかんだ言ったがもう全然彼は受け付けなかった。間もなく八郎さんは早めに帰ったが、翌日から私の小屋から見渡せる範囲内に八郎さんの姿を見ることはなかった。これが今生での永久の別れとなった。私は実際に米を受け取りには行かなかった。ただ脅したたけである。というのは、ジャワ在住の折、八郎さんの両親（私にとっては叔父夫婦である）も後で八郎さんの義兄夫婦が呼び寄せていたが、複雑な事情のため叔父夫婦は内地に帰りたい希望だったが、帰国の費用の出処がない。そういう事情を知った私は早速叔父夫婦を自宅に引き取り、土産物の準備などで一ヵ月くらいゆっくり休養の上、内地への船賃、神戸の宿泊料、島原までの汽車賃、不安のないだけの小遣いなど万端私の世話で内地へ帰ることが出来たという経緯がある。いくら落魄れたとはいへ、叔父達が感じている恩義を私は汚したくなかった。然し小屋の横に貯蔵してある甘藷は全部私の所有となった。そして都合良くすぐ仕事が見つかった。立木の買い付けをする馬車屋さんが、私の小屋住ひを好都合として私達と共に日給いくらで働くことになった。立木を根元から五尺くらいの長さに切り倒し、これを担いで崖上まで運び傾斜面へ抛り込み、馬車一台分くらいになったら、これをひっくり返しながら馬車が登って来る場所まで運ぶ。生木で水分をたっぷり吸っているのでとても重く、平道ではなく山を斜めに滑らないように登るのだから楽ではない。此の他にもう一つある。松の木は三間くらいの長さに切り、別の高所まで馬で引っ張って行き、其処から下り坂を人間が引っ張って行くのである。一メートルくらいの鎖の付いたかすがいを木の端に打ち込み、ロープを結び約三メートルくらいのところを肩に当て、左手をロープに添へ、軽く握り力を入れてうんと引っ張る。ただ引っ張るだけではびくともしない、前へ引っ張り後へ引き戻して反動を付け、瞬間的に力を込めてぐっと引くとずるっとくる、これの繰り返しで馬車が登ってくる場所まで運ぶのであるが、薪を担ぐよりこの方が肩に応へる。馬代り一日一本夕方までの仕事である。

こうした山男の生活が十ヵ月くらい続いたある日、従兄の圭三さんから相談事があるので出てこないかとの便りがあった。圭三さんは当時五島立串といふ農漁村駐在所勤務の警察官であった。実家は佐世保で圭三さんの弟夫婦と母親、私の叔母の三人住ひである。私は実家を訪ねた、久方振りの体面で積もる話も色々と一わたり済んだ後、主題は圭三さんの知己で彼地のある有力者が缶詰工場を設立するので其処で働かないかといふ話と、叔母の話である。成利さん（私の亡兄）が亡くなった今、あんたが本多の家を継がねばならない、そこで早く身を固めなさい。と、嫁の候補者は圭三さんの弟嫁の従姉で共に大連からの引揚者で、信頼出来る女性だから私が太鼓判を押すとのこと。ところで当方は金も無く物も無い、職もなければ技能も無し、いわば浮世の川面を風のまにまに当てど無く流浪う根無草である。然し立串へ行けば就職出来るし、「一人口はむずかしくとも、二人口は何とかなる」とも言うと、諄々と親身の説得に、私は先方で万々承知の上でのことなら総て叔母さんにお任せします。といふことになった。これでまた当方も先方も一面識もない同士、引揚者同士の縁で結ばれた。私は一旦島原へ帰り、義兄達へ話の内容を伝へ、立串へ行く準備をして再び佐世保へ向ひ、彼女と会ひ、叔母の媒酌で夫婦の契りを結んだ。

翌日二人は幸便を得て佐世保港を出発、約一時間半くらいで圭三さん宅へ着いた。圭三さん夫婦に子供二人の四人家族だった。さて山男から一転して海男になった私の前途には、一体どういう運命が展開されて行くのだろうか？　吉と出るか凶と出るか。早速圭三さんによる海男の訓練が始まった。まず艪の漕ぎ方、舟の操り方、次に烏賊釣り烏賊ひき、延縄漁法など、定置網の見学も必要と実際に漁船に乗り込み、漁師の皆さんと掛け声を合わせ、ホツシンヤス、ホツシンヤス、と綱を引いてもみた。缶詰工場が完成するまでは何かせねばならぬ。近所の人に頼まれ薪割りに行く、山から木材を下ろす作業に雇われる、雇主が彼は実に仕事がうまく捌けるといって感心すると言った。当たり前で山男十ヵ月のキャリアである。卵の仲買をやってみるが、朝から夕方まで一日中歩き廻って十ヶくらいしか手に入らぬ時もある。道路工事があればここで働く、缶詰工場の話はなかなか進展しない。圭三さんの口利きで、当時韓国人の呉服商から反物の前借りが出来ることになった。「反物はいりませんかー」と肩に担いで集落から集落を廻る、毛糸も扱っていたので今日は反物、明日は毛糸といった具合である。御茶や石鹸と違ひ、そう気安くは買ってくれない。こうした日々を送っているうちに、例の缶詰工場設立の話は遂に立ち消へになってしまった。

その頃私達夫婦は少し離れた所の小さな家に住んでいた。さてどうしようかと思ったが、その頃佐世保の叔母は圭三さん宅に移り住んでいて、圭三さんと共に私の就職口を探していた。私達夫婦を呼んだ手前、無責任なことは出来ないとの配慮であろう。そういうわけで私は暫らく様子をみることにした。

立串でも魚が獲れない時もあるので、そういう時には他所の集落まで魚を仕入れに行って売り歩く。二宮尊徳像が背中に木の枠を背負ひ、薪を積んでいるが、あの木の枠を「え」といって当地では日常生活に使用している。あれを背負ひ魚を竹笊に入れ乗せて運ぶのである。行きは下り坂で時に鼻唄のでる時もあるが帰りが大変である。紐が両肩に食ひ込み魚がずしりと肩に乗りかかる、坂道を喘ぎ喘ぎ登っていると、背に冷やりと感じるものがある。晴天なのに雨でもなかろうと思った途端、私は顔を顰《しか》めた。魚の汁である、どうも気持ちが悪い、「働く人の姿は美しい」といふが何処から眺めても惨めには思へてもそう美しくは見へない。私は何度か考へた、自分の過去を振り返り、人を助けたことはあるが人を泣かせたり怨みを買ふような行為をした記憶は寸毫もない。一体自分の前世は何だったのか、余つほどの罰当たりなんだなあと。

魚行商には私の新妻も同行した。恐らく、彼女はこんな場面に遭遇するとは思ってもみなかったであろうが、これも宿命である。新たに二人で未来へ向けて出発した人生行路の最初の寄港地である。気の毒だが我慢してもらう。

立串に住み着いて以来約一年、艪のない捨て小舟に乗り、波に揺られ行衛定まらぬ運命の日々を迎へ、私は島原へ便りしてみようと思った矢先、義兄から手紙がきた。そちらで思はしくなかったらまた島原へ帰って来ないかとのことである。私はこれが潮時と妻とも相談の上、圭三さん一家に大変お世話になった謝辞を述べ立串に別れを告げた。島原にまた新しい生活が待っている。島原では義兄が製パン所に勤めていたので、其処にパンの配達係として勤めることになった。妻と義兄夫婦は初対面なのでお互いに今後共宜為くの挨拶を交はした。家は盾山の麓の新山町に小さな借家を世話してもらった。

パンの配達は自転車運搬だが、自転車は東京以来、十分自信があった。当時コッペパンといって桃を半分に切ったような形で、大きさは大人の掌より少し小さいくらい、これを長さ八十センチ・横四十センチくらいの木の箱に二百個詰め、二箱を後の荷台に重ね積みするのである。今日初出勤である、自転車の荷台にまず一箱置き、二箱目を重ねた途端、ハンドルが空中に舞い上り、二箱共地面にずり落としてしまった。相当重いのである、今度は慎重に積みしっかり紐を掛けスタンドを撥ね、しっかりハンドルを握り前進しようとするが、横幅が長いので重心が定まらず、ハンドルがふらふらしてなかなか乗れそうにない。

私は心中此の仕事自分に出来るかな、と、思ひ少々不安になったが、人が出来るのだから出来ないこともなかろう、と気を持ち直し徐々に速度をつけてやっと乗ったが、どうもハンドルが安定せず、車とすれ違ふ時など必死の思ひでハンドルを握り締る、ふらふらしながらも日が経つにつれ段々に慣れて、何とか用が足せるようになった。

そして一人前の配達人になり五ヵ月ぐらい続いた頃、立串の圭三さんがひょこり訪れた。今度長崎港外に浮かぶ人工島の端島炭坑に転勤になったそうで、炭坑で働いてみる気はないかといふ。当時私は漠然と炭坑といへば一種異なった人達が働く所といふ風に考へていたので、炭坑ねーと、あまり気乗りしなかったが、現在大分民主化され、就職には保証人が必要で、大分引揚者も働いているとのこと、私は引揚者もいることに興味を持った。兎に角、泊まりがけで遊びに来てみないかとのこと、私は二、三日経ってから端島を訪ねてみた。長崎から船で一時間半くらい、此の端島は、『緑なき島』といふタイトルで佐野周二、桑野みち子共演で映画になったことがあり、別名軍艦島ともいふ。夜電灯を点じると、櫓二本がマストに見へ島の形が軍艦に似ていることによる。

端島炭坑に就職

圭三さんの案内でまず最初に行ったのが坑口、何だか人間には間違ひないがどっちを向いているのか分からない。ひょいと此方を見た姿は兎に角真っ黒で帽子にランプが付いて目だけぎらぎら光っている、口は真っ赤で何のことはない絵に画いた黒人である。坑内は炭塵が充満していて一日働くとああいう格好になるとのこと。それから坑外を廻ってみたが、貯炭場に石炭が山積みされているほか、工作現場など普通の工場とあまり変わらない、最後に船着き場へ行ってみた。私が端島に来る時にも感じたことだが、立派な服装の紳士淑女がぞろぞろ降りて来る。私は何処かの銀行員か商社の外交員かと思ったが、端島には銀行も商社もない、一体どういう人種かと思って圭三さんに尋ねた。皆此処の人だといふ、皆炭坑夫だよといふので私は驚いた。ぱりっとした背広ピカピカの靴、若者はリーゼントといふヘアスタイル、皮の鞄を持ち、カメラを携へている。どう見ても何処かの金持ちのどら息子といった格好である。私は思った。此処は余程金の成る木の稔る豊穣の地に違ひない。と、私の心は決まった。圭三さんに話すと、早速じゃあ勤労課へ行こう、課長は自分の碁の相手だから気安い、と、私を同道して勤労課長を訪ね、保証人になり至極あっさりと就職が決定した。宿舎に入るまでは二年くらいかかるとのことで、当分独身寮での生活、職場は坑外の炭務と決まった。

これでやっと私は定職にありついた。今まで社会の水面下で浮き沈みしていたが、今度は水面上に明瞭に姿を現した。兎に角毎日働きさえすれば、一括まとめて給料日に支払ってもらへるのは有難い。私は島原に帰り妻や義兄達に事の次第を説明し、取り敢へず私だけ端島へ向った。二女は一歳になっていてバイバイと見送ってくれた。

仕事の内容は貯炭場に山積みした炭の下にトンネルがあり、天井にホッパー（漏斗《ジョウゴ》）が取り付けられていて下をベルトが廻り、ホッパーの口を開き炭をベルトに載せ、岸壁から二十メートルくらい突き出た桟橋から船に積み込む。此の作業で、散乱した炭を機械と共に人間がスコップを使って寄せ集める。それから炭の洗汁をプールのようなバックに流し込み、沈殿したものを機械で掻き出す時にスコップを使ってこれを補う。大体こういった作業である。

こうした作業を毎日繰り返しているうちに早くも二年半くらい経っていた。宿舎に入れるようになり島原から妻子を呼び寄せ、やっと我が家に落ち着いた。炭坑生活に慣れてくると欲が出て、もう少し稼ぎのある所をと考へるようになり、多少とも残業のある坑口に職場を移った。此処の仕事は、坑内から上がった炭を選炭機にかけ、ぼた石や木片を取り除き、大きな塊はハンマーで打ち砕き、水洗機に送り込み洗ひながら石分と炭分を分離する。洗汁に含まれた微粉炭を機械装置によって採集する。坑口では坑内から上がった炭車を炭・ボタに識別し、それぞれのレールへ人が押して行く。ボタはベルトに乗せて運び岸壁から海中へ落とす。以上のような作業である。

ここは定員制になっていて、一人欠員になれば一人残業で補ふ。炭坑では一日二十四時間三交替制で、朝八時から四時までが一番方、四時から十二時までが二番方、十二時から翌朝八時までを三番方と呼ぶ。ここに転職してからは、時々残業があるので以前より多少収入は増へたが、坑内に比べると大分差がある。一度は坑内に下ろうかと思ひ、二、三度坑内に下り、様子を見たがどうも性に合ひそうにないので諦めた。

そのうち残業が増えるようになった。誰か退職しても後を補充せず残業で賄ふ、若し二番方が三名欠員の時は、一番方から三名連続勤務する、略して連勤といふ。連勤は順番を決めて一番から順繰りに行ふ。退職者が三人になっても依然として補充しないため、連勤が頻繁になり順番の廻りが早くなってきた。二日、三日と連勤が続くと今日はやらないといふ者が出てくる。若い連中は百時間残業すると後はやらない者が多い。世帯持ちは割と頑張るが四日も続くと後は次へ回す。連勤も四時から十二時までの八時間だと良いのだが、その後、三時間の残業なのでこれが身体に応へるのである。私は前以って、自分の順番は絶対蹴らないと宣言しているので、四、五日は当たり前で、月曜から土曜まで毎日ぶっ通しがちょいちょいある。こうなると今日は何日何曜日か分からなくなって、ただ日曜は未だかとこれだけが頭にある。

給料日になって分厚い袋を受け取った手の感触はなんとも言へない。是だから止められない。これで一ヵ月の疲れが癒へるといふものである。然し今にして思へばあれだけ肉体を酷使して、別に病院の世話にもならず無病息災で通したことは、我ながら感心するほかはない。此の異常な残業景気も二年ほど続いた後、遂に終焉を迎へることになった。坑口の残業があまりに多いので原因調査を行い、労使の話し合いの下、欠員の補充を行い定員制が廃止になった。

　それから間もなく炭坑不況の波が端島にも押し寄せた。企業整備が言われ出し、いよいよ端島でも人員整理となり、希望者は関東、関西方面への就職斡旋を行ふ旨会社より発表があった。その頃私にはすでに三女があり、姉中学生、妹小学生に成長していた。私は妻と相談の結果、子供の将来のため、此の機会に都会へ進出した方が良いとの結論に達し、早速申し込み、川崎地区の某デパートを選び、現地面接も済み保安係に就職が決まった。私がパン配達員を止め、端島に就職して以来早くも十二年の歳月が流れていた。私は五十二歳になっていた。

　そしてとうとう端島に別れる日が巡ってきた。船着場には見送りの職場の同僚達が並んでいる。就職組は三々五々船に乗り込んだ、折柄蛍の光のメロディーがゆるやかに海面を流れ、ボーッと何か別れを惜しむ哀調を帯びた汽笛の響きを残して船首を長崎の方向へ向ける。私は甲板に立ち共に働いた同僚達の姿を、手を振りながらじーっと何時までも見つめていた。「元気でねー」と言ふ声を耳に感慨無量である。彼等の姿がぼんやり潤んで見える。熱いものが私の頬を伝って流れた。自分に初めて職を与へてくれた端島、思い出懐かしい端島、再び此の地を踏むこともないであろう端島よ永遠にサヨウナラ。圭三さんは二年くらいで佐世保へ転勤になった。因みに端島は現在廃坑になっている。

川崎へ進出

会社の世話で横須賀浦上台のアパートに入居した私は、毎日電車で川崎まで通勤である。デパートでの仕事は保安警備、三交替制で日勤、当直、直明の繰り返し、電話郵便受付、商品納入場での車の整理や納品場入口の立哨、閉店後、翌朝まで二人宛組んで、時間を区切って三回巡回する。

石炭と鉄骨動力ベルトに囲まれ、スコップを振り回す生活をしてきた私には、立派な種々様々な綺麗な商品が豊富に陳列された、華やいだ雰囲気と都会の息吹が気に入った。私は書生時代、よく銀座へお使ひに行ってデパートのショウウインドを眺めるのが好きだった。

仕事は筋肉労働ではないのできつくも辛くもないが、少々神経を使ふ。店内限りのおまわりさん役で、規定に基づいて従業員の行動を律し、点検もし注意することもある。注意する時は、新参古参年齢など男女の別を問はず、平等に不正は不正として明確な態度で臨まなければならない。私はあまり融通が利く方ではないので、特に若い女店員には煙たがられていたようである。

年月の経過と共に仕事にも馴れ、服務規定に反することもなく、特に落度や失敗を犯すこともなく、平凡な日々を送っているうちに、端島と同じ十二年の歳月を閲していた。当時、定年五十五歳で、後嘱託として五年間六十歳で退職となった。隠居には未だ早すぎるので、新聞広告を見て横浜のあるビル管理会社を訪ねてみたところ、デパート十二年間警備の経歴を認められたのか、すんなり採用決定になりほっとした。帰途電車の窓外を眺めた私の目に、折柄の桜の花が一際鮮やかに映じたことを憶へている。都市で一旦定職に就けば、何か社会変動でもない限り無事平穏な生活が続く。

今度のビル管理会社の仕事も警備員で、横浜駅前のビルの警備である。雑居ビルで種々の会社が入居していて、やはり六名交替で昼夜の警備巡回の仕事である。すでにデパート警備の経験もあるので、仕事は慣れたもので特に変わったこともなく、あっといふ間に定年までの五年、期限満了で円満退職の日を迎へた。時に六十五歳である。会社の方で若し希望だったら別の会社へ斡旋するとのことで、やはりビル管理会社で働くことになった。今度も横浜の種苗会社の現場店の出張夜警で、夜間専門の一人警備であり今までとは少々様子の異なった勤務である。ある夜トイレで用を足していると、二階でミシッミシッと音がする、猫にしては音が大きい、はて残業者はすでに全部帰った筈だがと、目をこすって時計を見ると、夜中の二時半である、私がはっとした瞬間、正しく二階で人の歩く音がした。すぐ、一一〇番と思ったが、一応実体を確認する必要がある。二人居れば問題無いが一人では意にまかせない。少々危険を冒してもと、私はじわじわ階段を上り二階へ上がった。

さて暗くては何も分らない、私は思ひ切って室内電燈のスイッチを入れた。途端にドタバタといふ音が二秒ほど続いて、また元の静寂に返った。二階は二室で一メートル半くらいの廊下がそれを巡っている、賊は向ふの部屋で全く動静が分からない。私は抜き足差し足で、部屋の廊下側の入口の手前まで来て顔半分出してそっと窺ってみた。すると先方も向ふの角から少しずつ顔を覗かせ出合頭にぱっと視線が合った。私は凶悪犯でもなさそうな気がして、ゆっくりと全身を廊下に現した、そしたら先方もじっと此方を窺っている。私は賊に話しかけるのもどうかと思ひ、休みの姿勢で、何もしないから早く此処を立ち去ってくれと柔らかい表情で賊を見た。パントマイムである、賊は私の意図を察したらしく用心しながら二メートル半くらいまで私に近付いたかと思ったと同時に、ぱっと脱兎の如く私の前を駆け抜け左に曲りトントントンと階段を駆け下りた。今のうちと私は部屋に戻り一一〇番した後そっと階段下を覗いたら、小窓を破ってすでに逃走していた。賊は何も手に持っていなかったし、私の身に危険もなかったのでまずは何よりだった。後で警察官二名来店し、現場検証や事情聴取、勤務会社の社長宅、店長宅、私の会社などへの連絡や報告で朝を迎へそれでも足らず、昼近くなってやっと解放された。

そんなことがあって三ヵ月ほど後、私は胃潰瘍を患った。ある日、直明けで帰宅して丁度昼頃、食事にしようとしたら、急に腹痛を感じた。そのうち治るだろうと思ったがますますひどくなり、遂に横になったところ妻が気付き一一九番に連絡、救急車で病院に向ったが、丁度その日は日曜日でなかなか専門医に巡り合わず、三ヵ所くらい病院を廻ったのを憶へてはいるが後は全く分からない。疼痛はますます激しくなり、救急車に乗ってからずっと唸り通しである。アイタアイタと声を上げることによってかろうじて苦痛に耐へている。妻も同乗しているが会話どころではない。兎に角アイタアイタで身体をくねらせ苦悶の極みである。特に道路の凹みで車がバウンドする時は実に飛び上がるほどである。私はこのまま息絶へても良いと思った。此の世にこんな苦痛もあるものか、とも思った。

車は遂に茅ヶ崎の病院に着いた。夕方六時頃で苦痛地獄は六時間続いたことになる。私は手術を終へ、三週間後に退院した。これも私の一生を通じ忘れられないことの一つである。暫らく家で静養し、職場に還る心算だったが、妻がそんなに無理しなくとも、といふのでそういうことにして退職した。六十七歳である。

そのうちすっかり元気を回復すると、また働きたくなった。今度は横須賀シルバーセンターに登録した。若し仕事があったら連絡がある。アルバイト職である。職種は警備員・草刈・庭師の助手・建築土木など月のうち一週間くらいである。

星霜移り幾度か四季も巡りきて、私も七十五歳の馬令を数えるに至ったある日、妻より年とってからの労働は惨めに見えるからとの意見で、賃稼ぎの労働は一切止めることにした。妻も就職していて子供達はもう進学したり就職していた。

気分的にも寛いだ私は、子供の頃から行ってみたいと思っていた外国へ旅行することを思ひついた。一年おきに三回、まずヨーロッパは、英国・スペイン・イタリア・西独・リヒテンシュタイン公国・スイス・フランス。今まで映画で見たり、話に聞くだけだったのが、実際に現地に立ち自分の眼で実景を眺めるのは大いに感激だった。特にローマの古代遺跡コロッセウム、フランスのルーブル美術館、アルプスの銀嶺の輝きは壮観だった。ビールの国であるドイツのビールも日本には勝てない、スペインのフラメンコは、七色彩光投射を受け、舞台の歌姫が影絵のように浮かび上がり、何か幻想の世界へ誘はれたようで、あのカタコトカタコトの音が気になった。エジプトは何といってもピラミッドにスフィンクス、ピラミッドは内部は一部ではあるが王の元玄室跡まで見学出来る。発掘された神殿や巨大な彫刻像カイロ博物館には二、三千年前に作られた疑ふような精巧な素晴らしい金銀細工の数々、ナイル河は古代幾代もの王朝の栄華・歴史の変遷を秘め、ゆるやかに流れていた。アメリカは流石に総てスケールが大きい、ロサンゼルス・ディズニーランド・ハリウッド・ラスベガス。グランドキャニオンは、希望者だけ六人乗りの飛行機だったため揺れがひどく、観光よりも早く終わるのを待って皆青い顔をしていた。カナダのナイアガラの瀑布は絵で見るより実物の方がより壮大且つ壮観であり、滝壷まで船が行く。ワシントンは、ホワイトハウス・国連本部・宇宙館など見学しニューヨークへ、ここではエンパイヤステートビルの展望台から、下界をぐるりと鳥瞰すると、雲衝くような摩天楼がぎっしりと林立し、正に世界一アメリカならではの景観である。歌でいふサンフランシスコのチャイナタウンはどんな情緒の町かと思ったが、横浜の中華街を少し大きくして坂道にしたような所で、あそこの中華料理は確かに美味かった。市街のメインストリートはアメリカの面目を誇っているが、一寸横道に入ると、店舗のシャッターなど落書きが汚なく、すぐ側の道路上に黒人が寝込んでいる、ホームレスの連中が群をなして道路をうろついている。アメリカの恥部をさらけ出している。

以前から十五、六年此方、ぼつぼつNHKラジオ英語放送を聞いているが、果たして役に立つのか旅行で試したところ案外の成績で、ホテルでのやりとりや買い物など一応間に合って満足している。これで少年時代からの夢だった海外旅行も実現した。これまで人間生活の種々相を覗いてきたが、未だ複雑な生の営みのほんの一部だったかも知れない。

私にはすでに小学生一人、中学生二人の孫もいて、今は早おじいちゃんになっている。私は今、自分の過ぎ来し方を回顧し、自分なりに充実した人生だったように思ふ。然し私の少年時代からの憧れだった角帽を被り、暁の空に胸を張り、立身出世の願望は遂に永久に消え去った。執念深いといふか、意志が強いのか、いずれにしても良し。今生に於いて果たせなかった此の夢、ならば来世において必ずや達成するであろう。と、心に誓っている。

本多正利（七十九歳）
平成四年十月一日脱稿

追記

　ふと思いついて我が思い出の記を引っ張り出してみた。今日本人の平均寿命は、男性七十七いくらか。女性は七歳くらい男性を上回っている。やはり本質的に男性の方が心身共に酷使するためであろうか。統計が示している数字であるからその通りであろう。そうすると自分の場合、二年くらい長生きしていたことになる。あの時は七十九歳と平均寿命を全うしたので、何時死んでも当たり前で、そのうち黄泉の客となるだろうから、気分確かなうちに自分の過去の人生経験を記録しておいて、孫・子・従兄弟・再従姉妹に読んでもらおうとの考えだったが、現在八十七歳だからあれから数えてまた八年生き永らえたことになる。よくまあ生きて来たものであると思う。毎朝目を覚ます度に、今日もまた生きているなあと確認する。

　兎に角、長生きすることはいいことで、目出度く幸せなことになっている。昔人生僅か五十年の頃、六十歳くらいになると前屈みに歩く人をよく見掛けた。七十歳ともなると、

「古来稀なり」で腰は弓のように曲がり、杖を片手によちよち歩きの人を眺め、あの婆さん元気だね。もう七十過ぎだよ、と子供の頃感心しながら見送っていたものである。だから八十になる爺さん婆さんが、外を歩く姿は見たことがなかった。たまに何処かの家で、火鉢の側に背を丸めて、じっと座っているお年寄りを見て、年を尋ね八十と聞いて、へーっ、えらいなあと感心したものである。要するに、昔はお年寄りは少なかった。ところが平成の今日七十、八十はごろごろしている。百歳以上が千何百人か健在というから全く隔世の感がある。昔八十歳になるお年寄りを見て感心していた子が、現在八十七歳になり、毎日外を出歩く。世の中、人間も若返ったものだなあ、とつくづく思う今日此の頃である。

寿命が延び健康であれば、その分余計に色々な物事を聞き知り、喜び楽しむ幸が長くなったと思えば誠に喜ばしいが、人生その喜びだけではなく、歓迎しない嫌なことまでついてくる。年をとるとやはり病気になり易い。肩が凝ったり、腰が痛くなったり、下肢や膝に痛みを感じるようになり易い。年だけとってくれればいいものを、痛みや辛さも一緒についてくるので厄介である。然し考えてみればこれは当然のことである。物理的法則に従って起こる肉体現象である。金属で出来た機械・エンジンなど何十年も使いきることは出来ない。途中で故障したり、部品の取り換えなしにはそのまま何時までも使用に耐えない。人間の肉体は軟らかく、一寸でも何かに突き当たると傷つきやすい。こんな軟らかい筋肉によって組み立てられた人体を、六十年も七十年もそれ以上使い放しだから、いい加減ががたがくるのは当たり前である。何時か肩・腰の痛み止め医療器具の販売員も同じような口上を述べていた。同年輩の知人にそれとなく健康状態を聞いてみると、やはり腰が痛かったり、肩があるいは膝が痛いなどと訴える。中には幸いにして何処も痛くない人もたまに居る。その代わり、目が霞むとか耳が遠くなったと言う人もいる。実はかく申す自分も二年くらい前から左腰半分痛みを感じるようになった。ついでに此の間から、膝頭左部に痛みを覚えるようになった。その上嫌なことに、やはり二年くらい前から耳が少々遠くなり、不便を感じ補聴器を注文して使用してみるが、何ともうっとうしく、時々じーっという音を発する。やはり親から貰った耳のようにはゆかない。然し、その他に今のところ悪いところもないようで、この辺で我慢せねばならないだろうと思っている。

然し問題はこれからである。後、何日何ヵ月生きられるのか分からない。そこで何かうまい話はないかな、と考えた末、一年くらい前からジャンボ宝籤を買っている。だがこれが絶対当たらないことではない。その都度必ず誰か当たっている。ただ自分に縁がなかったということで、万一まかり間違って自分に当たるかも知れない。と、この淡い希望があるので、発表の度ごとに空籤券を破り捨てては次の幸運を待つ。当たらないからと宝籤を買わなければ絶対当たらない。これは明瞭に最初から決まっている。

月々の給料も無し、昇給も退職金の当てもない。就職の機会もアルバイトも出来ない老齢者にとって何が出来ようか。何時か誰か何処かで大金を拾った人もあった。何処かに大金が落ちていないか、常に心掛けているのと、宝籤に当たるのを待つのとどちらが良いか。後者の方は必ず誰かに当たることが約束されている。空しいようでも期待と希望を持って日々を送り迎えることが出来る。折角生きているのに何の希望も喜びもなく二十四時間を過ごすのは哀れであり、みじめでただ老い衰えるだけである。高齢への年月を迎えるに従い、段々と活動範囲が狭まり、趣味、興味などに対しての意欲も衰えてくる。

やはりこれは若い頃から自分の好きな運動や趣味・技能を錬磨し、能う限り経続することである。年齢のことなどあまり考えない、無頓着に生きることである。常に心を若々しく明るく楽しく昼の夢を見ることである。例えば、スポーツ界や政界などの人気者や実力者の活動など、テレビや映画で見たりしたことを思い、自分自身がその人物になった心算、なりきって自分の活躍する姿を頭に描いてみる。歩く時など時間の経過を忘れ、しばし優越感に浸れるから面白い。自分の定年後を振り返ってみると、子供の頃から身が軽く、走るのが早かったので、老人マラソンの仲間に入る心算でいたが、六十七歳の折、胃潰瘍を患い、胃袋の大部分を切り取られてマラソンの夢は遂に消えた。代わりに歩くことを決め、退院後徐々に歩行距離を延ばし約八キロ、時間にして約一時間五十分、雨が降らない限りこれを日課と決めた。途中、ある広場に鉄棒を設置してある所で必ず懸垂をやることにし、七十五歳の時二十回を記録し一応満足した。現在は足腰の痛みと加齢もあり懸垂は止め、近所を三十分くらい歩いている。

近年脳内革命の著者が唱えるウォーキング効果の宣伝などで歩く人が増えたようである。身体を鍛えるためとは言え、活性酸素を体内に作り出すとかで逆効果だから過激な運動は謹しむようとは専門家の注意である。そこで無理なく適度に身体を動かし、然も一定時間連続動作を継続することが一番良いということは、歩け歩けである。これが健康維持のための理想的運動ということになる。

医学の進歩・発達した今日、肩・腰・腕などの痛みを完全に癒す療法が無いというのも合点がゆかない話である。何年も病院に通い、未だに足腰の痛みやひきつりが治らない人。整形外科専門医でもなかなか治せない。リハビリだ光線治療だといっても効果が現われない。思い切って手術をしたが、足腰がかえって不自由になった人もいる。自分も半年以上通ってみたが、何の変化もなく無意味だから止めた。市販薬も多種多様で能書を読むと如何にも治りそうであるが、どれもこれも治らないのが不思議である。中には何十万円の器具もあるようだが、最近は押し入れの奥に突っこんでいるだけ、とは近所の人の話である。最近ある本に身体の痛みを根本的に治す治療法を説明したのがあったが、肉体を支えている骨を正常に調整することにより痛みを解消する。という医療理論で、臨床施術の写真や、骨の構造図に説明が付してあり、読んでみて成程と納得出来たので週一回、約二ヵ月間通院して治療を受けているが、大分痛みが薄らいできた。これは患者に希望と元気を与え、お年寄りへの福音となりそうである。人間誰しも何時までも肩・腰・足に痛みを感ぜず健やかでいたい。これは人情であり悲願である。然し実際にそういう人も実在するのであるから、各自の心掛けや努力次第では健全な老青年が期待出来る筈である。

扨て自分が二十年くらい前に、健康についてどんなことを考え、日々を送っていたか、何かの折に書いていたものを読み返してみると、次のようなことを書いている。

「兎に角我々高齢者と呼ばれる年齢に達すれば、心身共徐々に衰え老化現象が進行して、心身の不自由を感じるようになるのは避け難い宿命である。そこで何とか工夫して此の現象を出来る限り抑制して健康を維持しようとの願いが、人それぞれ健康法なるものを独自に考案したり、あるいは識者に助言を仰ぐなどして、我が身の健康に心するわけである。健康といっても身体だけでなく頭も健全でなければならない。アルツハイマー型痴呆症に罹病でもしたら、ご当人よりむしろ身内家庭の悲劇である。呆けを避けるためにも大いに頭を使うことである。想像・推理・判断・思考・決断・頭脳の働きを活発にするため、趣味や好みを生かし、何かを真剣に実践してみる。読書・絵画・書道・短歌・俳句・彫刻・囲碁・将棋などと色々あるが、多芸多能も結構であるが、何か得意とするものがあれば、重点的にそれに情熱を傾注してみる。勿論堅い意志と持久力が必要であるが、その目標を達成した時の喜び優越感は如何であろうか、心身を生き生きとさせ、明日へのより新たな希望と活力を湧出する。此の希望と情熱が若さの泉であり、年齢は暫し傍に置いて、一生一度の快挙として自己の能力の限界に挑んでみては如何であろうか。総て人間には無限の可能性が与えられている。それを何処まで開発するかは一重に当人の意志と努力にかかっている。普通の努力では普通並みである。

そこで乾坤一擲男一生の生甲斐として、何か人より優れた技なり能力なりを身につけてみようとの意欲を持つことは、一つの生甲斐ではなかろうか。兎に角生きている限り、健康である限り、何か価値創造をやってみることは、今生に生を享けたことの意義と考える。よくもう俺は年だから、ということを聞くが、年のことばかり考えていると、その通り年寄りになってしまう。自己暗示にかかるからで、年を忘れ明るい気持ちで、俺は未だ若いんだ、この通り元気なのだ、と自分自身に断固として言い聞かせる。マインドコントロールで若々しく楽しいことを心に絵描き、前向きに生きて行く。我が辞書第一頁劈頭には努力という字が輝き、隣の持久力いう字を明るく輝している。これが信条であり生活指針である。」

ともっともらしいことを書いている。

能書はこのくらいにして、実際の日課を記してみると、午前中は新聞を念入りに目を通す。約二時間半ほどかかるが、これを憶えているわけではない。すぐ忘れるが、潜在意識に記録されていて、必要に応じて意識は表面に表れてくれるだろうと思っている。

午後からは、ＮＨＫラジオの英会話予習のためテキストを開く、三時になったら歩く時間で家を出る。いつも通り途中懸垂をやり林を通り抜け海岸通りに出、バス通りを歩いて五時頃帰宅。此の時間ポケットラジオで英会話を聞いた後、よく昼の夢をみたものである。

これが日課だったが、三年くらい前から左腰と左膝に痛みを感じるようになり、段々距離を短縮し、最近では四十分くらい歩くことにしている。帰宅するとちょうど晩酌の時間である。酒は百薬の長、グーッと一息飲んだ後、五臓六腑に沁み渡り、何とも言えぬ悦楽の境、酒を飲める我が身の幸せをつくづく感じるそうであるが、自分は残念ながらそこまで訓練が出来ていない。日本酒一合の分量で焼酎・ウイスキー・酒・ビールを一日おきにかわり番こで楽しんでいる。

何年か前にマンドリンを始めた。この年になってとは、と思ったが、少年の頃、青春時代に聞き憶えた懐かしのメロディー、あの歌此の歌を八弦の旋律に托し、ピリピリポロポロと、暫し遠き昔、再び帰り来ぬ若き日の思い出を追いながら感傷に浸ってみるのもまた一興かと思い立ったのであるが、あるクラブに入り一年半ほど指導を受けたところで、自宅での練習が隣近所に迷惑を掛けるのではないかとの話から、それではと、遠慮しながらトレモロを弾いているうちに意欲が衰え、遂に止めてしまった。腰や膝の痛む前までは、地元自治会の春夏秋冬を通じての催しや、行事の仕度準備・テント張りや場所造りなど、週二回の団地内での廃品回収など作業に出ていたが、現在は無理することもなかろうと出ないことにしている。お陰で大分暇になった。

暇になったせいもあるのかよく昔を思う。故郷は遠くにあって想うもの、と言われるが、自分の郷里にはもう身寄りも幼な友達も皆故人になっていて、知人は誰もいない。思い出すのは秋祭りだけ。笛太鼓に先導され、しづしづと道行く御輿様と、お供の鼓笛隊の中の緑の水干に烏帽子を被った幼ない日の自分の姿である。自分にもやはり幼ない時代があったんだ、と思えば大正の御代が懐かしい。

それよりもなお懐かしく慕わしく愛おしく名残り惜しいと、昔をしのぶ想いを並べ、さらに弥益す回想の時。昭和三、四、五年東京での書生時代である。九州の田舎からポッと花の東京へ出て来た身には、何もかも素晴らしく珍しく面白く楽しかった。時恰も大正ロマンよりモダン昭和への移向の時である。まず耳新しい歌が流行しだした。二村定一が歌う「君恋し」を女中さんや先輩書生が箒を持ち、庭の向うで歌うのを聞き、成程これが流行歌だなと思った。故郷で聞いた、「船頭小唄」とは大分感じが違う新しい時代の歌だと思った。早速憶えて屋上の物干場へ上り、洗濯物を干しながら大きな声で歌ったものである。所は六本木裏側の三河台町、政界・財界の大物の邸宅街で、内庭外庭を隔ててのお屋敷同士、お隣りの室内までは聞こえない。因《ちな》みにお隣りは暗殺された、元大蔵大臣井上準之助氏のお邸だった。

次に流行したのが佐藤千夜子の『東京行進曲』、これもよかった。大分レコードが売れたようである。それから世界のテナー藤原義江の出現でまず『波浮の港』が巷のあちこちで聞かれるようになり、ついで『出船の港』『出船』『荒城の月』など次々とレコードが売れ、『チンチン千鳥』『待ちぼうけ』など童謡もレコードに吹き込んだ。大変な人気で、彼独特の藤原節の歌い方が人気を独占したのである。自分も彼に心酔し、以後お邸の物干台から藤原節の歌声が六本木の空へ響くようになった。

彼の人気の一つは、彼の生立ちの秘密であったろう。彼の父親は英国人、母親は芸者さんで、浅草六区のある一座で三味線を弾いていた当時、藤原義江もデビュー前、やはり浅草で歌と踊りの生活をしていて、母子共お互いに知らずにいた時期があったということである。父親の死後、英国に渡り歌を勉強、一旦帰国して再びイタリアへ渡航、本格的オペラを勉強し帰朝した。以来世界のテナー藤原義江となり他の歌手達とは別格で声学家だった。

彼が出演する場所は、帝国劇場、歌舞伎座、たまに日比谷公会堂、これ以外の劇場公会堂などでは歌わない。入場料がまた別格で、会場にはミーハー族など一際見かけない。紳士・令夫人・令嬢だけである。彼の舞台服装は、燕尾服一点張りで、背広やタキシード・ジャンパーや浴衣姿などでは絶対歌わない。舞台の中央に立ち、直立不動で真正面を直視、両手は軽く握って前腹部に置くか、両側に伸ばす。現在の歌手達のように手を上げたり、身体を動かしたりのジェスチャーを一切やらず、前方直視の姿勢は微動だにしない。東海林太郎の歌う姿勢が良く似ていた。

レコードは当時、ポリドール、トンボ、コロンビア、ビクター他にまだあったが、彼の吹き込みは、ビクターの赤ラベル専門である。当時どのレコードも一円五十銭で彼のは二円五十銭だった。その頃東京都内何処へでも七銭で線の違う区線は乗替券をくれていた。三好野で一皿饅頭五ヶで十銭という頃だった。

同じ頃、独逸人との混血でソプラノの関屋敏子という声学家、それに四谷文子という歌手もいたが、藤原義江の蔭であまり光らなかった。男性歌手に田谷力三がいたが、浅草専門でレコードはあまり聞かなかった。藤山一郎などは自分が東京を後に南方に渡航後である。女性では小唄勝太郎、市丸姐さん、神楽坂はんこなど花柳界からの進出が目立った。

映画の世界では白黒（明暗）から天然色カラーというようになった。映画に行くと言えば、白黒？　カラー？　といった会話が交わされた。そのうち皆カラーになった。シネマという言葉が流行し、「シネマ見ましょうか、お茶飲みましょうか」という歌になった。その一寸前頃から、もう映画の辯士は要らなくなるらしいという噂が立ち、それじゃどうなるんだ。映画そのものが物言うようになるらしい。だから弁士は失業で漫談家などになるらしい。などという話だったが、そのうちに実現し、発声映画（トーキー）というようになった。まず第一号が米国ハリウッド、パラマウント社の『レッド・スキン』だったように思う。白人とインディアンの物語り。次が中国人物語りの『フーマンチュー博士』。

それからアメリカものは歌と踊りの映画が増え、画面が美しく、きらびやかで華やかになり、レビューやラインダンスが盛んになり、いよいよ日本に上陸してきた。日本人により浅草で披露上演され、これが受けてあちこちの劇場で上演するようになり、宝塚少女歌劇団でも採用、歌と踊りに加え、飛んだり跳ねたり、水着姿での脚線を軽快に躍動させて人気を呼んだ。

次に現れたのが、モダンボーイにモダンガール、略してモガモボ。

エノケンこと榎本健一の歌にもある、昭和モダンを端的に表現したファッションである。ソフト真深に、派手な広幅の襟の背広でダブダブのセーラーズボンで歌の文句の通り、モガは当時人気のあったハリウッド女優、グレタ・ガルボばりの耳の下までのカット、鳩胸出尻型、スカートは短く、ハイヒールで靴の音も軽やかに銀座通りをコツコツと歩いていた。

そして間もなくステッキガールという新商売が出現した。昭和モダンのはしりだからやたらカタカナ文字の言葉が横行した。スンナリした淑女が通行中の紳士にそっと近付き、「お供致しましょうか?」とか何とか言ってOKとでれば、側に寄り添って、何か面白楽しそうに会話を交わしながら暫く歩き、喫茶店に入り何かご馳走になり一休みして、外へでて少し歩いたところで、「またお会いしましょう」とか何とかで別れる。どのくらいチップを貰うのか、絣の着物に袴を着け、下駄履の書生には縁がないので知らないが、結構商売になったらしい。

スポーツと言えば、何と言っても六大学野球リーグ戦だった。東大・早稲田・慶応・明治・法大・立教だったと思う。中でも早・慶戦が野球戦の華で、当時、慶応の宮武、早稲田の小川が特に人気者だった。球場に入場出来なかったファンはＮＨＫの実況放送に群がり、名アナウンサー松内則三の例の「夕闇迫る神宮球場」の名調子を聞きながら一喜一憂したものである。試合が終ると、双方の学生達がネオンサイン煌めく夜の街を銀座方向に目指し、気勢を挙げたものである。

ラグビーと言えば同志社と明治だったようである。

ゴルフはスポーツよりブルジョア階級の娯楽で、一部芸術家、俳優や藤原義江のゴルフ姿の写真が時々雑誌に載るくらいだった。

相撲はやはり古い伝統を持つ国技ということで人気があった。興業日数は十日くらいだったようである。何時の時代も巨人力士がいるものである。身長七尺何寸、体重四十二貫、出羽ヶ嶽という力士がいた。体が大き過ぎて気力が総身に回わりかね、双手突張りをやるとスローモーションで、ちょうど阿波踊りの手振りに似ていた。それに当時としては珍しい大学出身で笠置山という力士がいた。後、角力興業について物言いを付け、何か問題を起こした。昔の横綱、大関は本当に強かった。今のようにころころ負けなかった。

あの頃の小説で、恋愛ものと言えば久米正雄、菊池寛あたりに人気があった。よく何々男爵や伯爵夫人といった麗人が登場する。カフェには白い蝶エプロンで口紅の目立つ女給さんが笑顔をふりまき、丸の内あたりの商社のサラリーマンが青い灯、赤い灯を求めて来ると、卍巴と愛憎の葛藤が展開する。小説の内容は今と違い、純情ものが多く、よろめきや不倫はあまりなかった。大体当時の人は純心で真面目で礼節を弁まえ、恩愛には誠意を以って応えた。

当時シャンという言葉が流行した。菊池寛の小説によく出たものである。「あの娘《こ》シャン（美人）だね」「あー、あれはとてもシャンだよ」といった調子で、どこ語か分からない。シャッポ（帽子）これもよく使ったものである。フランス語らしい。

時の政界は政友会総裁の田中義一首相より民政党党首浜口雄幸首相に印綬は引き継がれた。金解禁などという耳新しい政策が執られ、不景気で、「大学は出たけれど」就職難の時でもあった。然しカフェの並ぶネオン街は別世界で、女給さんの稼ぎは良く、中には普通サラリーマンの何ヵ月分くらいのチップをぽんと置いて行く、一見御曹司風の紳士も何人かいたそうである。先輩の話だが、時の新聞もそれを裏付けていた。やはり東京である。世は不景気だったがそれなりに平和の時代であった。二・二六事件や五・一五事件。次いで日本帝国軍人が動き出すのは後のことだった。戦争勃発のため南方引き揚げに始まる我が運命は、太平洋の荒波に翻弄されたかに思えたが。

勿論終生忘れることは出来ないが、それにも増して、東京での少年の日々は、七十有余年の歳月を経たとは思えないよう、未だ生き生きと思い出の表面に生き続けている。現実の曽っての主家三代目（六本木）、二代目（芝三田）には、あの大邸宅両方共に今は昔の名残りも、何の跡形もない。ただこの通りでこの辺だったかなと、未知の街へ迷い込んだような侘しい思いで通り過ぎた。お屋敷で共に過ごした書生先輩諸士、女中さん達はほとんど故人となっておられる。東京での思い出は尽きることはないが、現実に連なる何らかの名残りと言えば、ただ六本木交差点附近の街のたたずまい。銀座四丁目尾張町交差点周辺の雰囲気、三越、松屋、松坂屋三デパートの元の位置での健在な姿ぐらいのものでやはり懐かしい。

現在、東京へ行った時は必ず銀座四丁目まで足を延ばす、買い物がなくともデパートへ立ち寄り、店内を一巡して、十字路近くの入口を通り、地下鉄を利用して帰路に着くことにしている。少年の日、志を抱いて東京へ出て来たが、こと志と違い、希望は遂げられず、結局三年間遊んだような始末になったが、やはり無駄ではなかった。貴重な経験、嬉しい体験だったと心に温めている。

さてこの今生での懐かしいこの思い出が何時まで続くのであろうか。大底このくらいだろうと想像しながらも、生きている以上続くのだろうかと思えば、一入懐かしさが胸に迫ってくる。

雑感はつづく

だが然し、何時までも思いこがれていても仕様がない。気分転換に何かないかと考えてみる。

新聞に俳句・川柳・短歌がよく載っているが、投稿者で同じ氏名がよく出ている。ご当人は喜びと共にさぞや生甲斐を感じておられることであろうと思う。自分もひとつと考えてみるが、いまさらくたびれた頭には大変だろうと思う。子供の頃童謡を作って褒められたことがあるので、何か歌詩を作って、何かの曲に合わせて歌ってみたらとも思ってみたが、もうマンドリンも孫の手に渡ってしまった。

扨て半年くらい前から、腰・膝頭の痛みのため通院していたのが大分良くなり、最近月一回で済むようになった。春恰も桜の花もほころび始めた。そこでそろそろ歩く距離を少し延ばそうと思っている。外に何か適当なことはないかなと思うが、若い世代には勉強、娯楽、スポーツとあらゆる分野で心身共に活発な運動の場があるが、大正生まれのおじいちゃんはただそれを眺めているだけである。然し二十一世紀という日時までをも生き永らえようとは、幸せなのか不幸なのか？　ただ、昔(戦前)とは大分違った日本、世の中に変わったことは確かである。昔は恥を知り、誇りを持つ人が多かった。現在は言うことすること自由勝手に振る舞う人が多くなった。

話は変わるが、世間でよく言う、あの人は何の苦労も知らず、安楽にしてあの世へ行かれた。本当に幸せな人だった。かと思うと、あの人は長生きしたばかりに、見なくていいものを見、聞かないでいいものを耳にし、我が身の不幸を托《かこ》っているが、本当に気の毒な人だとすると、どちらが不幸でどちらが幸せなのか、むずかしい判断である。これはやはり、「中庸は徳の至れるものなり」で、長短の境目あたりが一番死に時なのであろうか？もう九十何歳かになるある人に、長生きでお目出度いことですね、と言えば本人は早くお迎えが来ないものかと死にたがっていると言う。ほとんど寝たきりで、腰が痛い、肩が痛い、足が攣《つ》るで、生きているのが辛いと言う人が案外いるものである。自分の知り合いにも何人かいる。余命幾許ない重病人で、希望の無い日々を苦痛に耐え、喘いでいる気の毒な人もいる。

オランダやアメリカのある州では、尊厳死として合法的に延命手段を断つことが出来るようであるが、日本では未だそこまで到達していない。こと生命の問題だけに、先進国、発展途上国を問わず簡単には決め難い。じっと考えてみるに、自分の身体は自分の所有であり、自由に扱う権利がある筈である。ある信仰者は、教えに反するとして、命を賭けて治療のための血液注射を拒否する人もいる。内臓移植問題についても、ドナーになるならぬは本人の意志次第で、ドニーの移植希望者は現在順番待ちの状況で、待ちきれず外国へ渡航する人もいる。自己の信念により、ドナーにもドニーにもならない人もいる。これは人間を何と観るかに依る、神によって創造された霊的存在であり、万物の霊長である。肉体人間の知識や技術によって犯すべからざる神域であるとする。

一方がチャールス・ダーウィンの進化論に基づく観念の人には、内臓提供者があり、受供者がいれば、善意が感謝で受領され人助けの最たるものと理解されるのであろう。これに対し、宗教者は人体を人間が造った機械と同一視し、部品を取換えるように、ある人の内臓を切り取って、他の人体に移植する、という発想そのものが神への冒涜と断じる。また遺伝子組変え、体外受精など厄介な問題がある。クローン創生の人体への利用実験。これは最近禁止になったようであるが、熱心な進取旺盛な研究者には簡単に諦めきれぬ分野のようである。特に直接生命に関する主題は、法律や権限によって決定されるものではなく、各自それぞれの宇宙観・人間観・社会観などに基づき、自己の信念に従って自らを律するほかないようである。自分は万物の霊長として神によって地球上に生命を与えられた心的存在と信じるか。あるいは生物誕生の折、一猿類が進化して肉体人間となった哺乳動物の子孫の一人であると思うか？　どっちが得かじっくり考えてみよう。

もう一つ納得出来ないことがある。悪病に罹り運悪く治療の見込みなしと医師が宣告した場合、患者は苦痛に耐え兼ね、真剣に死を嘆願しても、医師に生命を断つ手段は一存では出来ない。殺人罪に問われる。然し家族の同意があれば、安楽死が認められているが、家族の方でなかなか同意しない場合があるらしい。当人は早く死んで楽になりたいが、家族の方では何とか頑張って生きて欲しい。これが肉親の情であるが、自分が目前の肉親の死を見るのが悲しく辛いので、内心手を合わせて祈っているのであろうが、自分の思いを満たすため、無益な苦痛を肉親に強いていることにはならないか。自分にはもう生きる希望も何もない。たとえ生きたとて僅かに限られた余生、不自由で苦痛の此の肉体にはもう微塵の未練もない。何故に何の権限を以って我が死の阻止するのか。我が身の生殺与奪の権は我の専有である。と。尊厳死なり安楽死なりいづれともあれ、此の無益な苦渋の境涯から救い出す方法はないものか。

此の世に生を享けた以上、自分の生き方、将来への希望、生甲斐の選択は当然自己にあるわけで、現実にその通り世渡りをしているわけであるが、現在より一歩百歩将来へ向かっての前進過程で、幸か不幸かどちらの境遇に遭遇するか、これは当人の努力以外に不可抗力の運命の力が働くので、鋭意努力を尽くすほかないようで、人事を尽くして現れた成果は、天与の運命として受け止めるほかないであろう。世の中どんなに考えても自分の思い通りにならないことがある。反面うまい具合に調子良くトントン拍子で発展してくれることもある。総べて「万事塞翁が馬」で、前以って悪いことなど考えない。焦らず慌てず、明るい方向を向いて良いこと楽しいこと愉快なこと面白いことばかり考えて前進する。若し悪いことが現れたら、それは自分が引きずって来た運命だから仕方ない。然し運命は何時までも同時点に止まっているわけではないので、過去へと消えて行く姿をじっと見つめつつ次の好転を待つ、これを繰り返しているうちに、習い性となり、身につき性格も変わってくる。いつもにこにこ笑顔になり、人様に良い印象を与え、周囲に明るい雰囲気を振り撒くようになり、人様から好感をもって接しられるようになり、自分の徳で自分の運命が好転してゆく。心に善を思えば良い運命を引き寄せ、悪を思えば逆の運命がついてくる。これは心の働き、念の具現性を説いたもので、真の宗教家が称えることであるが、これは真実であり真理である。

何だかんだと相前後して雑感を述べてきたが、ここまでくると今生の終着駅に到着したようである。此の先は何時の日か、彼の地黄泉での話となるであろう。

平成十二年三月

著者プロフィール

本多正利（ほんだ　まさとし）

大正2年2月18日生まれ。

昭和3年頃大坪高等小学校卒業。

昭和3～5年実業家宅に書生として住込む。

昭和5年5月旧蘭領東印度ジャワへ渡航、洋品日用雑貨商を営む。

昭和16年12月大戦勃発のため内地へ引き揚ぐ。

昭和17年3月軍屈として南西方面海軍航空廠勤務。

昭和25年シンガポールで徴兵検査を受け陸軍船舶兵第六大隊に入隊。

昭和20年頃復員名古屋病院に入院。種々職を転々として39歳頃長崎県端島炭鉱に就職。その後会社の企業整備として川崎の某デパートに就職。

昭和50年頃協栄横浜に警備員として就職。5年後定年退職。以後暫く働くが75歳で労働を終わり現在に至る。

過去の思出

2000年 11 月 1 日　初版第 1 刷発行

著　者　本多正利《ほんだまさとし》
発行者　瓜谷綱延
発行所　株式会社　文芸社
〒112-0004　東京都文京区後楽2-23-12
電話　03-3814-1177（代表）
　　　03-3814-2455（営業）
振替　00190-8-728265

印刷所　株式会社　フクイン

ISBN 4-8355-0842-4 C0095